# 불교교리 문답서
## Buddhist Catechism

일철 스님 감수/ 전재성 편저
Supervised by Ven. IL CHUL/
Ed. by Prof. Dr. Cheon, Jae-Seong

한국 빠알리성전협회
Korea Pali Text Society 1997

## 삼귀의계

### 거룩한 부처님께 귀의합니다.
이미 부처님께 귀의하였사오니, 차라리 몸과 목숨을 버릴지언정 끝내 다른 종교는 믿지 않겠사옵니다.

### 거룩한 가르침에 귀의합니다.
이미 부처님의 가르침에 의지하였사오니, 차라리 몸과 목숨을 버릴지언정 끝내 다른 종교의 가르침에 의지하지 않겠나이다.

### 거룩한 스님들께 귀의합니다.
이미 거룩한 스님들께 귀의 하였사오니, 차라리 몸과 목숨을 버릴지언정 끝내 다른 종교의 사람들에게 의지하지 않겠나이다.

## 오계(五戒)
### (다섯 가지의 생활규범)

첫째, 살아있는 모든 것을 해치지 않고 자비심을 지니겠습니다.
둘째, 남의 것을 훔치지 아니하고 복과 덕을 짓겠습니다.
셋째, 음란한 짓을 하지 아니하고 청정행을 지키겠습니다.
넷째, 거짓말을 하지 아니하고 진실만을 말하겠습니다.
다섯째, 술을 마셔 취하지 아니하고 지혜를 기르겠습니다.

# 모든 존재들을 위한 행복의 기원

1. 지금 여기 있는 모든 분들이 항상 평온하고 행복하기를 기원합니다.
2. 승가와 재가자들 모두 항상 평온하고 행복하기를 기원합니다.
3. 많은 덕을 갖추신 고귀한 스승들이 항상 평온하고 행복하기를 기원합니다.
4. 한량없는 덕을 갖추신 부모님께서 항상 평온하고 행복하기를 기원합니다.
5. 이 도량에 살고 있는 모든 존재들이 항상 평온하고 행복하기를 기원합니다.
6. 이 마을에 살고 있는 모든 존재들이 항상 평온하고 행복하기를 기원합니다.
7. 이 지방에 살고 있는 모든 존재들이 항상 평온하고 행복하기를 기원합니다.
8. 승가의 모든 스님들이 항상 평온하고 행복하기를 기원합니다.
9. 승물의 모든 시주들이 항상 평온하고 행복하기를 기원합니다.
10. 모든 국가의 정부가 항상 평온하고 행복하기를 기원합니다.
11. 모든 도둑, 강도, 사기꾼들도 참회하여 항상 평온하고 행복하기를 기원합니다.
12. 이 세상의 모든 존재들이 항상 평온하고 행복하기를 기원합니다.

13. 한량없는 우주의 모든 존재들이 항상 평온하고 행복하기를 기원합니다.
14. 지옥, 아귀, 축생, 아수라계의 모든 존재들이 항상 평온하고 행복하기를 기원합니다.
15. 인간, 천상, 범천계의 모든 존재들이 항상 평온하고 행복하기를 기원합니다.
16. 지옥에서 범천계에 이르기 까지 윤회하는 모든 존재들이 항상 평온하고 행복하기를 기원합니다.

○ 제가 행한 모든 선행에 의해서, 모든 괴로움이 소멸하여 영원한 행복인 열반을 이루기를 기원합니다.
○ 제가 올바른 길을 따르고 잘못된 길을 따르지 않기를 간절히 기원합니다.
○ 제가 만일 다시 태어나게 되더라도 위난과 고통과 재난과 적, 그리고 모든 악을 만나지 않기를 기원합니다.
○ 제가 지금 행복하길 바라마지 않은 모든 존재들의 행복이 성취되길 간절히 기원합니다.
○ 제가 오늘 행한 선행의 공덕이, 우리의 부모와 스승과 친척들과 수호신장과 천신들과 모든 존재들에게 회향되기를 기원합니다.
○ 이 모든 공덕에 의해서 모든 존재들이 기뻐하기를 간절히 기원합니다.

## 발간사

부처님 가르침의 원융묘지(圓融妙旨)는 호한(浩瀚)한 팔만대장경에 숨어있어 초심자가 그 뜻을 알기란 여간 어렵지 않습니다. 그렇지만 부처님께서는 수많은 가르침을 단 한마디로 "너 자신이 스스로의 빛이 되라." 고 알기 쉽게 가르치고 있습니다.

오늘날 현대사회를 살아가는 많은 사람들은 복잡다단한 지식과 신앙의 홍수 속에서 방향감각을 상실하여 표류하고 있습니다. 다행히 부처님의 가르침을 만났더라도 수천 년을 격해서 내려오는 말씀을 오늘의 일상언어나 담론(談論)으로 올바르게 이해하는 것은 매우 어렵기 때문에 불법에 입문하고도 방황하는 사람이 많은 것이 사실입니다. 그렇지만 이번에 발간되는 교리문답서는 불교에 입문하고자 하는 사람들뿐만 아니라 이미 불교에 입문한 사람들에게도 바른 법을 다져나가는 길잡이가 되리라 믿어 의심치 않습니다.

끝으로 오래 전부터 팔만대장경의 토대가 되는 빠알리성전의 연구에 몰두하며 사전과 문법서 그리고 쌍윳따니까야를 펴내는 노고를 아끼지 않은 전재성 박사와 한국빠알리성전협회에서 이번에도 이 교리문답서를 편찬하고 개정판을 내주신 것에 대해 깊은 감사를 드립니다.

불기 2543년(1999년 11월 25일)
대한불교종계종총무원 문화부장  일  철

# 머릿말

　이 작은 불교교리 문답서의 모본은 19세기 말에 올코트(Henry S. Olcott)에 의해서 쓰여졌으며 스리랑카 문화성 출판부에서 출판되었던 책입니다. 1903년에 이미 영어, 불어, 스페인어, 타밀어등 20여개 국어로 번역되었고 37판이 나올 정도로 인구에 회자되었던 고전전인 불교교리문답서였습니다. 빠알리불교의 법(法)을 간단명료하게 설한 훌륭한 책이었으나 90여년 전에 출판된 책으로 당시가 오늘날보다는 학문의 발전이 일천한 때였기에 필자가 내용을 정리하면서 다소의 내용을 가감하거나 바꾸었습니다. 이를테면 '무에서는 아무 것도 나올 수 없다'는 서양의 고전적 인과율을 불교에 도입하는 것은 옳지 않기 때문에, 필자는 중도적 입장에 서서 유무의 양극단을 극복하는 차원에서 교리에 관해 설명방식을 바꾸어 보충해서 설명했습니다. 그리고 불교와 철학, 불교와 윤리, 불교와 종교, 일상생활과 불교 등의 장은 필자가 추가하여 383문항을 448문항으로 늘려 책을 엮었습니다. 이번에 개정판을 내면서 환경철학과 불교에 대한 교리문답을 추가해서 452문항이 되었습니다. 범어나 빠알리어 표기에 관해서는 가능한 한 관례대로 써왔던 것을 사용했으며 정확한 음사를 원하시면 부록으로 실은 빠알리어 발음법을 참고하길 바랍니다. 이 책이 세상에 빛을 보게 된 것은 일철 스님의 배지를 철하는 안광과 세밀한 감수 덕분이었습니다. 그 동안 한국빠알리성전협회는 광주에서 진천으로 다시 서울로 주소를 옮겼습니다. 초기불교의 경전인 빠알리대장경의 역경사업에 변함없는 후원을 부탁드립니다.

불기2543년(1999년 11월 25일)
한국빠알리성전협회 연구실에서
전　　재　　성　　합장

## <차례>

불교교리문답 \ 1
◼ 삼귀의, 오계 \ 3
◼ 모든 존재들의 행복을 위한 기원 \ 4
◼ 발간사 \ 6, \ 7
◼ 머리말 \ 8
◼ 차례 \ 9

제1장   부처님의 생애 ………………………………… 11
제2장   가르침 …………………………………………… 38
제3장   승가. …………………………………………… 92
제4장   불교의 흥기와 전파 ………………………… 100
제5장   불교와 과학. ………………………………… 111
제6장   불교와 철학 ………………………………… 129
제7장   불교와 윤리 ………………………………… 133
제8장   불교와 종교 ………………………………… 136
제9장   일상생활과  불교 ………………………… 139
제9장   환경철학과  불교 ………………………… 147

부   록 \ 159
◼ 색   인 \ 161
◼ 존재의 세계 (육도윤회의 세계) \ 168
◼ 빠알리어 발음법 \ 169
◼ 한국빠알리성전협회 안내 \ 171

# 불교교리문답

## 제1장

## 부처님의 생애

1. 문 당신의 종교는 무엇입니까?

   답 불교입니다.

2. 문 불교란 무엇입니까?

   답 부처님이라는 위대한 분께서 말씀하신 가르침입니다.

3. 문 불교라고 말하는 것이 그 가르침에 대한 가장 적절한 표현입니까?

   답 아닙니다. 그것은 서양적인 개념입니다. 불법(佛法 : Buddha Dharma)이라고 하는 것이 가장 적절한 표현입니다.

4. 문 불교를 믿는 부모로부터 태어난 사람도 불교도입니까?

   답 아닙니다. 불교도는 가장 훌륭한 스승인 부처님과 그 분이 설한 가르침과 그 가르침을 따르는 승가인 참모임에 귀의했을 뿐만 아니라 일상생활에서 그가 가르친 윤리적인 덕목을 실천하는 사람입니다.

5. 問 남자 불교신도는 어떠한 이름으로 부릅니까?

答 원래는 우바새(優婆塞 : Upāsaka)라고 합니다만 우리나라에서는 처사(處士), 청신사(淸信士) 또는 거사(居士)라고 합니다.

6. 問 여자 불교신도는 어떠한 이름으로 부릅니까?

答 원래 우바이(優婆夷 : Upāsikā)라고 합니다만 우리 나라에서는 관행적으로 어울리는 말은 아닙니다만 존칭하여 보살(菩薩)이라고 합니다. 그밖에 청신녀(靑信女)라고 부르기도 합니다.

7. 問 부처님께서는 언제부터 가르침을 폈습니까?

答 실제의 연도에 관해 불일치가 있습니다만 남방불교에 따르면 깔리유가(Kaliyuga)[1] 시대의 2513년에 가르침의 수레바퀴를 굴리셨습니다. 그러니까 부처님의 나이 35세가 되던 해입니다.

---

1) 우주는 대 우주기(劫:kalpa)동안에 천번의 소우주기를 경험하는데 각각의 소우주기는 끄리따유가(kṛtayuga), 뜨레따유가(tretāyuga), 드와빠라유가(dvāparayuga), 깔리유가(kaliyuga)로 구성되어 있다. 대우주기는 인도의 신년(神年)에 의한 역산법에 따르면 약 43억2천만년에 해당한다. 소우주기는 4천3백2십만 년으로 그 가운데 끄리따유가 천2백2십만 년, 뜨레따유가 천8십만 년, 뜨와빠라유가 7백 2십만 년, 깔리유가 3백6십만 년동안 적당한 전속기(前續期)와 후속기(後續期)를 두고 지속한다. 여기서 깔리유가는 죄악의 시대 즉 말세를 말한다.

8. 문 부처님 생애에서 가장 중요한 날들은 어떤 날입니까?

답 부처님의 생애에 중요한 날들은 각각 탄신일, 출가일, 성도일, 열반일입니다. 우리나라를 비롯한 북방불교권에서는 탄신일은 음력 4월 8일, 출가일은 음력 2월 8일, 성도일은 음력 12월 8일, 열반일은 음력 2월 15일로 각각 달리 택해서 기념하고 있습니다. 그러나 남방불교에 따르면 부처님께서는 깔리유가 2478년 5월 보름, 화요일에 태어났고 깔리유가 2506년에 출가하여 진리를 깨달아 부처님이 되신 것이 깔리유가 2513년입니다. 그리고 육체를 버리고 열반에 드신 것이 그분의 나이 80세 되던 해 즉 깔리유가 2558년의 일입니다. 그 사건들은 모두 대보름날에 일어났습니다. 그래서 남방에서는 이 모든 날을 기념하기 위해 5월 보름날 웨싹(Wesak, *pali.* Vesākhā, *sk.* Vaiśākhā)이라는 대축제를 개최합니다.

9. 문 부처님은 신이었습니까?

답 아닙니다. 부처님의 가르침도 신의 계시가 아닙니다.

10. 문 그러면 부처님은 인간이었습니까?

답 그렇습니다. 그러나 부처님께서는 수많은 우주기(宇宙期, 劫 : Kalpa)2)를 통해 윤회를 거듭하면서 앞서 계셨던

---

2) 사방 7킬로메터나 되는 바위산을 백년에 한번씩 천녀가 내려와 옷깃을 스쳐서 달아 없어지는 기간을 말하는데 그것을 현대 과학적으로 계산하자면 56억 7천만년에 해당한다. 그러나 인도의 대우주기를 신년(神年)으로 환

다른 부처님들을 거울삼아 수행하여 가장 지혜롭고 고귀하고 거룩한 인간의 경지에 올랐습니다.

11. 問 석가모니 부처님 보다 앞선 부처님도 있었단 말입니까?

    答 그렇습니다. 그것에 관해 나중에 이야기하겠습니다.

12. 問 부처님은 그분의 이름입니까?

    答 아닙니다. 부처라는 것은 마음의 상태에 대한 이름입니다. 최상의 수행 상태에 도달한 마음에 부쳐진 이름입니다.

13. 問 부처님은 무슨 뜻입니까?

    答 깨달은 분(覺者)이란 말입니다. 그분께서는 완벽한 지혜를 갖추고 있었기 때문에 전지자(全知者 : *pali.* sabbaññu *sk.* sarvajñā)라고도 불립니다.

14. 問 부처님의 실제 이름은 무엇입니까?

    答 왕실에서 지워준 이름은 싯다르타(*sk.* Siddhartha, *pali.* Siddhattha)이고 성은 고타마(Gotama)였습니다. 그분은 카필라바스투(*sk.* Kapilavāstu, *pali.* Kapilavāṭṭhu)국의 태자로서 태양 족인 감자왕(甘蔗王 : Okkāka)의 가계에 속해 있었습니다.

15. 問 그분의 부모는 누구였습니까?

    答 아버지는 정반왕(淨飯王 : *sk.* Śuddhodana, *pali.*

---

산하는 방법에 의하면 43억 2천만년에 해당한다.

Suddhodana)이었고 어머니는 마야(摩耶 : Māyā)부인이었습니다.

16. 문 정반왕은 어떤 종족을 다스렸습니까?

답 석가족(釋迦族 : sk. Śākya pali. Sakya)이었습니다. 석가족은 귀족적인 아리야(sk. Ārya, pali. Ariya) 종족이었습니다.

17. 문 카필라바스투 국은 어디에 있었습니까?

답 인도였습니다. 베나레스에서 북동쪽으로 160킬로미터 거리입니다. 지금 네팔 테라이지역인데 폐허로 방치되어 있던 곳을 불교성지로 조성하고 있습니다.

18. 문 그 곳에는 강이 있었습니까?

답 그렇습니다. 로히니(Rohiṇī)강이 있었습니다. 지금도 변함없이 흐르고 있는데 로하나(Rohana)강이라고 부릅니다.

19. 문 언제 싯다르타 태자가 태어났는지 다시 말해주십시요.

답 기원전 623년에 태어났습니다.

20. 문 그분께서 태어난 정확한 곳은 알려져 있습니까?

답 의문의 여지가 없습니다. 인도 정부의 고고학자들이 네팔 타라이 정글에서 싯다르타 태자가 태어난 바로 그 장소에서 세워진 아쇼카 대왕의 비문을 발견했습니다. 그곳은 룸비니 (Lumbinī)동산이라고 불리던 곳입니다.

21. 문 싯다르타 태자도 다른 왕자들처럼 궁중의 영화와 사치를 누렸습니까?

답 그렇습니다. 아버지 정반왕은 태자를 위해 계절에 맞는 궁전을 지어 주었습니다. 북방불교에서는 사계절 즉 봄, 여름, 가을, 겨울에 맞는 네 개의 궁전을 지워 준 것으로 되어 있습니다. 그러나 초기불교에 따르면 세 개의 훌륭한 궁전을 지워주었습니다. 인도에는 세 가지 계절인 겨울, 여름, 우기(雨期)가 있기 때문에 각 계절에 알맞게 살 수 있도록 세 개의 궁전을 지어 주었습니다.

22. 문 궁전은 얼마나 아름다웠습니까?

답 겨울 궁전은 9층, 여름 궁전은 5층, 우기의 궁전은 3층의 아름다운 궁전이었는데 궁전의 둘레는 향기로운 꽃의 정원들이 있었고, 물을 내뿜는 분수들이 있었으며, 나무에서는 이름 모를 갖가지 새들이 지저귀고 있었고 땅위에는 공작새들이 돌아다니고 있었습니다.

23. 문 그분께서는 독신으로 지냈습니까?

답 아닙니다. 16살 때에 공주 야쇼다라(sk. Yaśodharā, pali. Yasodharā)와 결혼했습니다. 야쇼다라는 쑤쁘라붓다(Suprabuddha)왕의 딸이었습니다. 그밖에도 그분께서는 태자로서 춤과 기예와 음악을 아는 많은 궁녀들에 둘러싸여 있었습니다.

24. 문 태자는 어떻게 야쇼다라 공주를 아내로 맞이했습니까?

답 옛날 귀족들 사이에서는 모든 경쟁자를 물리쳐야 원하는 신부를 얻을 수 있는 부마경선이 있었습니다. 이 부마경선에서 싯다르타 태자는 지략과 용기가 출중하여 모든 다른 나라의 왕자들을 물리치고 야쇼다라를 태자비로 맞이할 수가 있었습니다.

25. 문 어떻게 태자는 궁중의 모든 사치에도 불구하고 지혜로울 수가 있었습니까?

답 태자는 어릴 때부터 모든 학예를 공부하지 않고도 터득할 수 있는 선천적인 지혜를 타고났습니다. 물론 훌륭한 왕실의 스승들이 있었지만 태자가 직관적으로 이해할 수 없었던 것을 가르치지는 못했을 것입니다.

26. 문 태자는 그 화려한 궁전에서 부처님이 되셨습니까?

답 아닙니다. 그분께서는 그 모든 화려한 궁전들을 버리고 출가하여 홀로 숲 속으로 들어가서 부처님이 되셨습니다.

27. 문 왜 궁전을 버리고 출가했습니까?

답 괴로움의 원인과 괴로움에서 벗어나는 길을 알기 위해서 였습니다.

28. 문 다스려야 할 부왕(父王)의 나라를 버린 행동은 이기적인 것이 아닌가요?

답 아닙니다. 그분의 출가는 모든 존재에게 유익함을 주기 위한 무한한 자비의 실천이었습니다.

29. 문 태자는 어떻게 그 무한한 자비를 얻었습니까?

답 헤아릴 수 없는 우주기(宇宙期, 劫 : Kalpa)를 걸쳐서 부처님이 되기 위해 자비심을 닦아 왔습니다.

30. 문 싯다르타가 출가할 때에 버린 것은 무엇입니까?

답 아름다운 궁전과 막대한 재산, 사치와 환락, 부드러운 침대, 아름다운 옷, 진수성찬과 왕궁입니다. 물론 그는 권력과 명예도 버렸습니다. 뿐만 아니라 사랑하는 아내와 유일한 아들 라훌라(Rāhula)도 버렸습니다.

31. 문 우리 중생들을 위해 그렇게 많은 것을 버린 다른 사람이 역사상 있었습니까?

답 지금 우리가 살고 있는 이 세상에서 그분을 빼놓고는 한 분도 없었습니다. 그래서 불교도들이 그분을 흠모하고 따르는 이유입니다.

32. 문 그렇지만 이 세상의 모든 향락을 버리고 동료를 위해 목숨을 바친 많은 사람들이 있지 않았습니까?

답 그렇습니다. 그러나 그분의 놀라운 인류를 위한 이타적 사랑과 자비는 아주 먼 옛날에 연등불(燃燈佛 : Dīpankara Buddha)[3] 당시에 바라문[4] 쑤메다(Sumedha)로 태

---

[3] 역사적인 석가모니 부처님 이전의 스물네 분의 과거불 가운데 첫 번째

어났을 때 열반의 지극한 행복마저 버린 데서 연유한다고 봅니다. 그분께서 인류 전체를 자신보다 사랑하지 않았다면 아마도 자신의 행복을 위해 열반에 들어갈 수 있는 단계에 도달했을 것입니다. 그분의 이러한 포기는 모든 중생을 해탈의 길로 인도하고 세상에 평화를 가져오기 위해 부처님이 되기까지, 이 세상의 모든 고통을 자발적으로 감수하겠다는 것을 뜻하는 것이었습니다.

33. 문 태자가 숲 속으로 출가한 것은 몇 살 때였습니까?

    답 스물아홉 살 때였습니다.

34. 문 결정적으로 무엇이 태자의 마음을 움직여 사랑하는 많은 것을 포기하고 숲으로 들어가게 만들었습니까?

    답 마차를 타고 궁전 밖을 둘러보다가 네 가지의 인간의 모습을 보고 나서 였습니다.

35. 문 네 가지의 인간의 모습이란 무엇이었습니까?

    답 아주 늙은 노인, 병든 환자, 부패한 시체의 비참한 모습과 수행하는 청정한 사문의 모습이었습니다.

36. 문 태자는 혼자서 그 인간의 모습들을 보았습니까?

    답 아닙니다. 시종인 찬나(Channa)와 함께 보았습니다.

---

부처님이다. 석가모니 부처님은 당시에 고행자로 쑤메다라는 이름을 지니고 있었다고 한다.
4) 인도의 성직자 계급을 말한다.

37. 문 태자는 어떻게 보면 우리 모두에게도 익숙한 광경을 보았는데 왜 그것이 태자에게만 유독 출가하는 동기가 되었습니까?

답 우리는 어려서부터 그와 같은 광경을 자주 보아 왔습니다만 태자는 그 때까지 그러한 광경을 보지 못했기 때문에 그 광경들은 충격적인 것이어서 마음 깊숙이 아로새겨졌습니다.

38. 문 왜 태자는 그때까지 그것을 보지 못했습니까?

답 바라문인 한 점성술사는 태자가 태어날 때에 언젠가 왕궁을 떠나 부처님이 된다고 예언했습니다. 아버지 정반왕은 태자가 왕궁을 떠나게 되어 왕궁의 유산이 산실되는 것을 원하지 않았기 때문에 태자에게 인간의 비참함과 죽음을 암시할 수 있는 모든 광경을 보여주지 않도록 신중을 기해서 키웠습니다. 그래서 아무도 태자에게 그러한 광경을 보여주거나 이야기할 수가 없었습니다. 태자는 아름다운 궁전과 화원에서 갇힌 채 지냈습니다. 태자는 밖으로 나아가 이 세상의 슬픔과 고뇌를 접할 수 없도록 아름다운 궁전이라는 담장에 갇혀 지냈던 것입니다.

39. 문 왕은 태자가 아주 예민해서 세상을 위해 모든 것을 포기할지도 모른다고 두려워 할 정도였습니까?

답 그렇습니다. 태자는 모든 삶에 대하여 어릴 때부터 깊은 연민과 동정을 갖고 있었습니다.

40. 문 출가한 태자는 숲 속에서 괴로움의 원인을 탐구하려고 했습니까?

답 그렇습니다. 그분께서는 조용한 숲 속에서 괴로움의 원인과 인간의 본성에 관하여 깊이 사유하는 데 장애가 되는 모든 것을 제거하려고 노력했습니다.

41. 문 어떻게 태자는 출가할 때에 왕궁에서 벗어날 수가 있었습니까?

답 어느 날 밤 모두들 잠든 사이에 일어나 잠자는 아내와 어린 아들을 마지막으로 보고 시종인 찬나를 불러 총애하는 백마 깐타까(Kaṇṭhaka)를 타고 왕궁을 빠져 나왔습니다. 하늘사람들이 궁전의 문지기들을 깊은 잠에서 깨어나지 못하게 했기 때문에 그들은 태자 일행이 빠져나가는 말굽 소리를 듣지 못했습니다.

42. 문 궁궐 문은 닫혀 있었을 텐데 어떻게 태자가 빠져 나아갔습니까?

답 그렇습니다. 닫혀 있었지만 하늘사람들이 열어 주었습니다. 날은 어두웠지만 태자는 말을 타고 궁궐을 빠져나갈 수 있었습니다.

43. 문 태자는 대궐문을 빠져 나와 어디로 갔습니까?

답 카필라바스투에서 멀리 떨어진 아노마(Anomā) 강으로 갔습니다.

44. 문 태자는 거기서 어떻게 했습니까?

답 말에서 내려 아름다운 머리를 자르고 수행자의 노란 가사를 입었습니다. 그리고 지녔던 장식물과 백마는 시종 찬나에게 주고 부왕에게 돌아갈 것을 명했습니다.

45. 문 그 다음에 태자는 어떻게 했습니까?

답 빔비사라(Bimbisāra)왕이 다스리는 마가다 국의 수도인 라자그리하(王舍城 : sk. Rājagṛha, pali. Rājagaha)로 갔습니다.

46. 문 누가 그분을 맞이했습니까?

답 모든 대신들과 왕입니다.

47. 문 태자는 또 어디로 갔습니까?

답 붓다가야(Buddhagayā)에 있는 우루벨라(Uruvela)로 갔습니다. 그곳에는 현재 마하보디사(Mahābodhi Temple : 大覺寺)가 서 있습니다.

48. 문 왜 그분께서는 거기에 갔습니까?

답 그 숲 속에는 선인(仙人)들이 있었습니다. 선인들은 현자들이므로 자신이 갈망하는 문제를 해결해 줄 수 있다는 희망을 갖고 거기로 간 것입니다. 나중에 그들이 싯다르타의 스승이 되었습니다.

49. 문 현자들은 어떠한 종교를 갖고 있었습니까?

　　답 넓은 의미로 힌두교라고 할 수 있습니다.

50. 문 그들은 무엇을 가르쳤습니까?

　　답 인간이 완전한 지혜를 얻고자 하면 심한 육체적인 고행과 괴로움을 겪어야 한다는 것이었습니다.

51. 문 태자도 그렇게 생각했습니까?

　　답 아닙니다. 태자도 처음에는 그렇게 생각하여 그 모든 교리를 배우고 고행을 닦았으나 고통의 원인과 그 해결책을 발견할 수가 없었습니다.

52. 문 그래서 그분께서는 어떻게 했습니까?

　　답 우루베라 근처의 숲으로 가서 죽음에 이를 정도의 심한 고행을 실천하여 깊은 명상 속에서 육년 간을 보냈습니다.

53. 문 혼자서 그렇게 수행했습니까?

　　답 아닙니다. 다섯 명의 도반들과 수행했습니다.

54. 문 그들 도반들의 이름은 무엇이었습니까?

　　답 곤당냐(Kondañña), 밧디야(Bhaddiya), 밥빠(Vappa), 마하나마(Mahānāma), 앗싸지(Assaji)였습니다.

55. 문 태자가 전체적인 진리를 통찰하도록 마음의 문을 열어준 수행은 어떠한 것이었습니까?

답 그분께서는 앉아서 명상하면서 삶의 보다 높은 차원의 문제에 마음을 새겨 집중하고 모든 감각적 대상을 거두어들여 내적으로 비추어 보았습니다.

56. 문 그분께서는 수행 중에 단식을 한 적이 있습니까?

답 그렇습니다. 전 생애를 통해 볼 때에 그분은 적게 먹는 소식(少食)을 실천했습니다. 물까지 절식할 때도 있었고 고행을 할 때에는 하루에 쌀 한 톨, 깨 한 알밖에는 안 드셨습니다.

57. 문 그분께서는 이러한 단식을 통해 원하던 지혜를 얻었습니까?

답 아닙니다. 그분의 몸은 점점 수척해지고 힘이 약해졌습니다. 마침내 천천히 걸으면서 명상했지만 기력이 소진해서 기절하여 땅바닥에 쓰러지기도 했습니다.

58. 문 싯다르타가 쓰러졌을 때 도반들은 어떻게 생각했습니까?

답 그들은 모두 싯다르타 태자가 죽었다고 생각했습니다. 그러나 나중에 살아났습니다.

59. 문 그래서 싯다르타는 어떻게 생각했습니까?

답 단지 굶는다던가 하는 육체적인 고행만으로는 지혜를 얻을 수 없으며 마음을 열어야 한다는 사실을 알게 되었습니다. 그분은 단식의 기아 상태에서 벗어났지만 아직 완전한 지혜에는 이르지 못했습니다. 그래서 음식을 드시기로 작정하고 적어도 지혜를 얻기까지 살아야 한다고 생각을 했습니다.

60. 문 그때에 누가 싯다르타에게 음식을 드렸습니까?

답 한 부호의 딸인 수자타(Sujātā)였습니다. 그녀는 싯다르타가 니그로다(*pali.* Nigrodha, *sk.* Nyagrodha)라고 하는 벵골보리수 밑에 앉아서 명상하는 것을 발견하고 음식을 그분에게 받쳤습니다. 그래서 그분은 일어나 네란자라(Nerañjarā) 강에서 목욕을 하고 공양으로 받은 음식을 먹고 숲으로 들어갔습니다.

61. 문 그분께서는 숲에서 무엇을 했습니까?

답 여러 가지 숙고를 한 뒤에 모종의 결정을 하기 위해 저녁 무렵 보리수 아스왓타(*sk.* Aśvattha, *pali.* Assattha) 나무로 가서 그 밑에 앉았습니다. 오늘날 그곳에 마하보디사가 건립되어 있습니다.

62. 문 보리수 아래서 무슨 생각을 했습니까?

답 완전한 지혜를 얻기까지는 그곳을 떠나지 않기로 마음을 먹었습니다

63. 문 그분은 보리수 아래서 어느 쪽을 향해 앉았습니까?

답 동쪽을 향해 앉았습니다.

64. 문 그날 밤 보리수 아래서 무엇을 얻었습니까?

답 전생과 윤회에 대한 지식과 살려고 하는 욕망에 대한 지식입니다. 다음날 날이 새기 전에 그분의 마음은 완전히 개화된 연꽃처럼 열려 최상의 지혜의 빛이 쏟아져 들어왔습니다. 그분은 네 가지의 거룩한 진리(四聖諦)5)를 깨달아 완전히 깨달은 분 곧 전지자인 부처님이 되었습니다.

65. 문 싯다르타 태자는 부처님이 되어 인간의 모든 비참함과 괴로움의 원인을 결국 발견했습니까?

답 그렇습니다. 아침 햇살이 밤의 어둠을 몰아내고 나무들과 전원, 바위, 바다, 강, 동식물과 인간과 모든 존재들을 비추기 시작할 때에 완전한 지혜의 빛이 그의 마음속에서 일어나 인간의 괴로움과 그 괴로움에서 벗어나는 길을 통찰했습니다.

66. 문 싯다르타는 그러한 완전한 지혜를 얻기 전에 커다란 정신적인 갈등을 겪지 않았습니까?

답 그렇습니다. 싯다르타는 강력하고 무서운 내적인 전쟁을 치렀습니다. 그분은 우리가 진리를 보는데 방해가 되는 우리 몸 속의 모든 생리적인 현상이나 식욕과 탐욕 등을 정복해야 했습니다. 또한 자신을 둘러싼 죄 많은 세상의 나쁜 영향들을 극복해야 했습니다. 마치 전장에서 군인들이 적들과 싸우듯이 인간의 번뇌와 싸웠습니다. 그리하여 마침

---

5) 질문과 답변 120을 참조하기 바람

내 승리한 영웅처럼 목적을 달성했습니다. 인간의 괴로움과 비참함의 비밀은 드디어 벗겨졌던 것입니다.

67. 문 그렇게 얻은 지혜를 가지고 부처님께서는 어떻게 하려고 했습니까?

답 먼저 많은 사람에게 그것을 가르치려고 했으나 주저했습니다.

68. 문 왜 부처님께서는 가르치길 주저했습니까?

답 자신이 깨달은 지혜의 숭고함과 심오함 때문이었습니다. 겨우 소수의 사람들만이 그것을 이해할 수 있다고 걱정했습니다.

69. 문 그런데 결국 자신의 견해를 바꾸어 가르침을 전하게 된 동기는 무엇입니까?

답 자신이 깨달은 바를 가능한 한 분명하고 간명하게 가르치는 것이 의무라고 생각했고 진리가 스스로 개인들의 성향이나 업(業)에 따라 알맞게 어떤 강력한 영향을 주리라고 생각했습니다. 그것이 그들에게 주어지는 유일한 구원의 길, 해탈의 길이라고 생각했고 또한 모든 존재는 해탈을 자신의 것으로 할 권리를 갖고 있다고 보았습니다. 그래서 그분은 고행을 그만둔 자신을 버린 다섯 명의 옛 고행주의자 도반들에게 찾아가 진리를 전하기 시작했습니다.

70. 문 부처님께서는 어디서 처음에 가르침을 시작했습니까?

답 첫 가르침을 초전법륜(初轉法輪)이라고 하는데 베나레스(Benares) 근처의 이시빠따나(*pali.* Isipatana)에 있던 미가다야(鹿野園 : Migadāya)에서 였습니다. 미가다야는 사슴공원 또는 동물원이라는 말입니다.

71. 문 그곳을 오늘날에도 찾아가 볼 수 있습니까?

답 물론입니다. 바로 그 지점에 무너져 내린 탑이 서 있습니다.

72. 문 다섯 명의 수행자들은 부처님의 가르침을 받아 드릴 준비가 되어 있었습니까?

답 처음에는 부처님을 고행을 포기한 타락한 수행자로 생각해서 받아들이지 않으려고 했으나 부처님께서 다가오자 그분의 모습에서 풍기는 정신적인 아름다움이 너무나도 컸고 그분의 가르침은 부드럽고 확신에 차 있었기 때문에 그들은 곧 마음을 돌이켜 귀를 기울였습니다.

73. 문 초전법륜의 결과는 어떠했습니까?

답 부처님의 가르침을 이해한 나이든 꼰당냐가 먼저 자신의 선입견을 버리고 부처님의 가르침을 받아들여 제자가 되었습니다. 그리고 곧 아라한의 길에 들어섰습니다. 다른 네 명의 수행자들도 곧 그의 뒤를 따랐습니다.

74. 문 다음에 부처님께서는 누구에게 가르침을 전했습니까?

답 부유한 젊은 상인 야사(Yasa)와 역시 대부호인 그의 아버지였습니다. 가르침을 펴신 지 3개월만에 60여명의 제자가 생겨났습니다.

75. 문 부처님의 첫 번째 여자 신도는 누가 되었습니까?

답 바로 첫 번째 남자 신도인 부유한 상인 야사의 아내와 어머니입니다.

76. 문 부처님께서는 60여명의 제자를 확보하고 또 어떠한 일을 시작했습니까?

답 그는 제자들을 불러모아 충분히 법을 가르치고 그들을 사방팔방으로 보내 가르침을 전파하기 시작했습니다.

77. 문 부처님께서 말씀하신 가르침의 핵심은 무엇이라고 할 수 있습니까?

답 나중에 또 설명하겠지만 해탈에 이르는 길은 성스러운 삶을 이끌어 가는데 있다는 것입니다.

78. 문 그러한 삶의 도정을 무엇이라고 합니까?

답 여덟 가지의 성스러운 길(八正道 : Ariya Atthaṅgika Magga)[6]이라고 합니다.

79. 문 그 다음에 부처님께서는 또 어디로 가셨습니까?

답 우루벨라로 가셨습니다.

80. 문 거기서 부처님께서는 무엇을 했습니까?

---

6) 질문과 문답 125에서 134까지 참조하기 바람

답 부처님께서는 가섭(迦葉 : sk. Kāśyapa, pali. Kassapa)을 교화했습니다. 그는 원래 결발행자(結髮行者)라고 하는 배화교 종파의 우두머리였습니다. 그가 부처님을 따르자 그를 따르던 모든 무리들도 불교로 개종했습니다.

81. 문 부처님께서는 그 다음에 또 누구를 교화했습니까?

답 마가다 국의 빔비사라 왕입니다.

82. 문 당시에 또한 부처님께서 총애하셨던 두 제자를 처음으로 교화시키지 않았습니까?

답 그렇습니다. 회의주의자로서 고행자였던 싼자야의 수제자 사리불(舍利弗 : pali. Sāriputta, sk. Śāriputra)과 목건련(牧犍蓮 : pali. Moggallāna, sk. Maudgalyāna)을 교화시켰습니다.

83. 문 나중에 그들은 어떤 능력 때문에 널리 알려졌습니까?

답 사리불은 가장 지혜로운 자로 알려졌으며, 목건련은 초자연적 능력을 발휘하는데 가장 탁월한 신통제일로 널리 알려지게 되었습니다.

84. 문 그들의 놀라운 능력은 기적을 만들어내는 능력이라고 보아도 됩니까?

답 아닙니다. 모든 사람이 갖추고 있는 능력을 수행을 통해 계발한 것일 뿐입니다.

85. 문 부처님께서는 자신의 가족을 버린 뒤에 다시 가족의 안부를 들었습니까?

답 그렇습니다. 7년 뒤의 일입니다. 그분께서 라자그리하에 머물 때에 아버지 정반왕이 파견한 사신으로부터 부왕이 돌아가시기 전에 왕궁에서 한번 만나보자는 전갈을 받았습니다.

86. 문 부처님께서는 전갈을 받고 왕궁으로 갔습니까?

답 그렇습니다. 부왕인 정반왕은 모든 대신과 친지를 데리고 마중 나와 기쁘게 부처님을 맞이했습니다.

87. 문 부왕은 지금은 부처님이지만 아들인 싯다르타에게 왕위를 계승할 것을 부탁했을 텐데 거기에 부처님께서는 동의했습니까?

답 아닙니다. 부처님께서는 모든 정성을 기우려 태자 싯다르타는 이미 사라졌고 자신은 모든 존재를 동등하게 사랑하고 자비롭게 대하는 깨달은 이(覺者)로 변했다는 것을 부왕에게 설득했습니다. 그분께서는 한 종족이나 나라를 다스리거나 전륜성왕(轉輪聖王)이 되는 대신 진리의 수레바퀴로 모든 인류를 교화하길 원했습니다.

88. 문 부처님께서는 야쇼다라 비와 아들 라훌라도 만났습니까?

답 그렇습니다. 그분께서는 자신을 깊이 사랑해서 떠남

을 애통해 하던 아내를 만났습니다. 그녀는 또한 아들 라훌라를 부처님께 데려와서 가르침을 따르도록 했습니다.

89. 문 그래서 어떠한 일이 생겼습니까?

답 부처님께서는 아내와 아들에게 뿐만 아니라 모여든 모든 친지에게 일체의 고뇌를 치유하는 진리의 가르침을 설했습니다. 그래서 그분의 아버지, 아들, 아내와 사촌 형제인 아난다(Ānanda), 조카인 데바닷타(Devadatta)등이 모두 가르침을 듣고 제자가 되었습니다. 그밖에 나중에 초자연적인 시력을 지녀 유명했던 아누룻다(Anuruddha)와 계율의 권위자로 유명했던 이발사 우팔리(Upāli)도 이 때에 부처님의 제자가 되었습니다.

90. 문 누가 최초의 수행녀(比丘尼)가 되었습니까?

답 싯다르타 태자의 숙모이자 유모였던 고타미(pali. Pajāpatī Gotamī, sk. Prajāpatī Gotamī)였습니다. 그녀가 정식으로 수행녀가 되자 그녀를 따라 야쇼다라 비와 다른 많은 여인들이 출가하여 비구니 교단을 형성했습니다.

91. 문 부왕인 정반왕은 모든 가족 태자인 싯다르타와 조카인 아난다, 데바닷타, 며느리인 야쇼다라, 손자인 라훌라를 비롯해서 많은 친지들이 종교적인 수행의 길을 가는 데 대하여 가슴이 아프지 않았습니까?

답 당연히 정반왕은 매우 슬프고 괴로워했기 때문에 부

처님에게 자신의 심정을 하소연했습니다. 그래서 부처님께서는 부모가 살아 계실 때에는 부모의 허락을 받고 교단에 들어오도록 계율을 만들었습니다.

92. 문 오랜 포교활동 중에 교단을 배신한 사람은 없었습니까?

답 물론 있었습니다. 데바닷타(Devadatta)가 자신과 무리를 이끌고 부처님을 배신했습니다. 그는 아주 지적이었던 관계로 다르마의 지식에 관하여 대단히 앞서가고 있었지만, 너무 야망에 불탄 나머지 부처님을 질투하고 미워하고 있다가 마침내 살해하기로 마음먹고 음모를 꾸몄던 것입니다. 그는 또한 빔비사라왕의 아들 아자타샤트루(sk. Ajātaśatru, pali. Ajātasattu)왕을 부추겨 자신의 부왕을 살해하도록 시키고 그를 자신의 제자로 삼았습니다.

93. 문 데바닷타는 부처님께 어떤 해를 끼쳤습니까?

답 데바닷타는 바위를 굴려 부처님을 살해하려고 했으나 부처님의 발에 상처만 주었을 뿐 실패했습니다. 그리고 데바닷타는 자신이 지은 악업 때문에 무서운 죽음을 맞이하게 되었습니다.

94. 문 부처님께서는 얼마동안 가르침을 전파했습니까?

답 45년 동안입니다. 그 동안에 수많은 가르침을 전파했습니다. 보통 제자들과 함께 8개월간의 건기(乾期)에는 여행을 하면서 설법했고, 3개월간의 우기(雨期)에는 여러 왕들이나 부유한 장자들이 지어 준 정사에 머물며 수행하고 가르침을 전했습니다.

95. 문 부처님께서 우기에 한곳에 머물렀던 승원으로서 유명한 곳은 어떤 곳입니까?

답 기원정사의 아나타삔디까 승원(pali. Anāthapiṇḍikārāma)과 죽림정사의 까란다까니바빠 승원(pali. Kalandakanivāpārāma), 동원(東園 : pali. Pubbārāma), 니그로다 승원(pali. Nigrodhārāma), 이시빠따나 승원(pali. Isipatanārāma)이 있습니다.

96. 문 부처님께서 교화한 사람들이나 제자들은 어떠한 사람들이었습니까?

답 모든 종족과 모든 국가와 모든 계급의 사람들이었습니다. 그분께서는 부유하거나 가난하거나 귀족이거나 천민이거나 막론하고 모든 사람을 교화했습니다. 그분의 가르침은 모든 인류에게 적용되었습니다.

97. 문 부처님 생애의 마지막 여행에 관한 이야기를 들려주십시오.

답 부처님께서는 올바르게 원만히 깨달은 분이 되신 지 45년만인 5월 보름에 생애의 마지막을 알고 베나레스에서 192키로미터 떨어진 쿠시나가라(sk. Kuṣinagara, pali. Kusinārā)에 저녁무렵 도착했습니다. 쿠시나가라의 우빠바르따나(sk. Upavartana, pali. Upavattana)에 있는 말라족의 싸라쌍수에서 관습에 따라 머리를 북쪽으로 하고 오른쪽 옆구리를 땅에 대고 누웠습니다. 그분의 마음은 맑고 청정해서 제자들에게 마지막 가르침을 분명하게 전했습니다.

98. 문 부처님께서는 그 마지막 여행의 순간에도 다른 사람을 교화했습니까?

답 그렇습니다. 훌륭한 바라문 현자였던 쑤바드라(sk. Subhadra, pali. Subhadda)를 마지막으로 교화했습니다. 부처님께서는 또한 다른 말라 국의 태자와 그 시종들을 교화했습니다.

99. 문 날이 밝자 어떤 일이 벌어졌습니까?

답 그분께서는 삼매에 들어 마침내 열반에 드셨습니다.

100. 문 부처님께서 제자들에게 마지막으로 한 유언은 무엇입니까?

답 그분께서는 "수행승들이여, 나는 분명히 말한다. 사람의 몸과 힘은 소멸되고야 마는 것이다. 부지런히 그대들의 해탈에 힘써라"라고 말씀하셨습니다.

101. 문 부처님께서 그 이전에 싯다르타 태자라는 역사적인 인물이었다는 사실은 입증된 것입니까?

답 그분의 존재는 역사적인 사실로 틀림없이 입증된 것입니다.

102. 문 증거를 댄다면 어떠한 것이 있습니까?

답 첫째, 경전에 있다시피 개인적으로 그분을 아는 사람들의 증언이 있습니다. 둘째, 당시에 사용했던 공원이나 승원의 고고학적 발견이 있습니다. 셋째, 시대적으로 그와 가까운 시기에 살았던 왕이 만든 비문이나 기둥, 탑 등이 현존합니다. 넷째, 그분이 만든 승단의 존속과 생애에 대한 전승은 무엇보다 분명한 증거입니다. 다섯째, 열반에 들었을 때에 승가의 모임이 열려 그분의 가르침을 결집했습니다. 여섯째, 열반하여 화장된 뒤에 그분의 사리들은 여덟 명의 왕들에게 분배되고 각각 왕들은 자기 나라에 탑을 세워 분배받은 사리들을 안치했습니다. 일례로 아자타샤트루 왕은 자신이 분배받은 사리를 라자그리하의 사리탑에 안치했습니다. 2세기 뒤에 그 탑의 유골을 아쇼카 대왕이 해체하여 다시 나누어서 제국의 여러 곳에 탑들을 세워 안치했습니다. 일곱째, 아라한이 되어 자신의 생리적인 힘을 조절할 수 있었던 많은 부처님의 제자들은 오랜 장수를 누리면서 세대간의 가르침을 전수했습니다. 부처님의 열반과 아쇼카 대왕 사이에 공백을 이어주는 두 세대가 있었음이 역사적으로 입증되었습니다. 제2결집에서 아난다의 두 제자가 참여했고 아쇼카 대왕 당시의 제3결집에서는 그들 제자의 제자가 참여했습니다. 여덟째, 우리가 알고 있는 가장 오래된 역사서인 마하방싸(Mahāvaṁsa)는 왕 비자야(Vijaya)가 지배한 기원전 543년 부처님 시대에 속하는 역사적 사건을 기록하고 있습니다. 거기에는 자신의 생애뿐만 아니라 황제 아쇼카와 다른 지배자들 모두가 불교 역사와 관련되어 서술되고 있습니다.

103. 문 부처님을 존칭해서 부르는 다른 이름이 있습니까?

답 있습니다. 석가족의 성자(釋迦牟尼 : *pali*. Sākyamuni), 석가족의 사자(싸끼야씽하 : *pali*. Sākyasiṅha), 올바른 길로 잘 가신님 (善逝 : *pali*. Sugata), 스승(쌋타 : *pali*. Satthā), 승리자(勝者 : *pali*. Jina), 세존(世尊 : *pali*. Bhagavā), 세상의 수호자(로까나타 : *pali*. Lokanātha), 전지자(쌋방뉴 : *pali*. Sabbaññu), 진리의 제왕(法王, 담마라자 : *pali*. Dammarāja), 이렇게 오신 님 (如來, 따타가따 : *pali*. Tathāgata), 거룩하신 님(阿羅漢 : arahant), 올바로 원만히 깨달으신 님(正等覺者 : sammāsambudha), 지혜와 덕행을 갖추신 님(明行足 : vijjācaraṇasampanna), 세상을 이해하는 님(世間解 : Lokavidū), 가장 높은 자리에 오르신 님 (無上師: anuttaro), 사람을 길들이시는 님(調御丈夫 : purisadammasārathī), 신들과 인간의 스승 (天人師 : satthā devamanussānaṁ) 등으로 많습니다.

# 제2장

# 가 르 침

104. 문 부처님(佛 : Buddha)이란 단어의 뜻은 무엇입니까?

답 깨달은 분 또는 완전한 지혜를 지닌 분이란 뜻입니다.

105. 문 이분에 앞서서 다른 부처님이 또 있다고 하지 않았습니까?

답 그렇습니다. 영원한 인과의 수레바퀴 아래서 인류가 무지로 인해 괴로움과 비참함 속에 빠져서 깨달은 분의 지혜를 필요로 할 때에 부처님께서는 역사적인 석가모니 부처님 이전에 일정한 간격을 두고 출현했고 또 미래에도 출현 할 것이라고 우리는 믿습니다.

106. 문 깨달은 분이신 부처님께서는 어떻게 계속해서 이어지게 됩니까?

답 지상에서 부처님 가운데 한 분을 보고 그분의 가르침을 들은 사람이 그가 살았던 것처럼 살기를 결정하면 어느 땐가 부처님에 적합한 인격으로 변화되어 그분 또한 윤회의 수레바퀴 속에서 괴로워하는 인류를 구제하는 부처님이 되어 왔고 또 미래에 그렇게 될 것입니다.

107. 문 어떻게 그 부처님께서는 성장하게 됩니까?

답 인간으로 탄생해서 성장하면서 자신의 욕망을 억제하고 체험적인 지혜를 얻어 높은 정신적 능력을 계발합니다. 그분께서는 점차로 지혜롭고 고귀한 성품을 지니게 되고 유덕한 성자로서 성숙하게 되며, 이렇게 끝없는 윤회를 거듭한 뒤에 올바르게 원만히 깨달은 전지자가 되어 모든 인류의 이상적인 스승이 됩니다.

108. 문 그분께서 이렇게 끝없는 윤회를 통해 점차적으로 부처님의 성품을 형성하는 동안에 우리는 그분을 무엇이라고 부릅니까?

답 보살(菩薩 : sk. Bodhisattva, pali. Bodhisatta)이라고 부릅니다. 그래서 싯다르타 고타마 태자도 가야의 보리수좌에서 부처님이 되는 순간까지 보살이었습니다.

109. 문 부처님께서는 자신이 보살로서 살아간 다양한 전생의 이야기를 갖고 있겠군요?

답 그렇습니다. 자타카(Jātaka)라는 부처님의 전생담에 그 이야기가 있습니다. 이 책에는 부처님이 전생의 윤회를 통해 살아온 보살로서의 발자취가 수백 편이나 기록되어 있습니다.

110. 문 보살의 이야기는 어떠한 교훈을 우리에게 가르쳐 줍니까?

답 끝없는 윤회의 삶 속에서 악한 성격을 선한 덕 있는 성품으로 계발해 나아가는 위대한 목표를 인간이 성취할 수 있다는 희망을 가르쳐 줍니다.

111. 문 부처님이 되기 전에 얼마나 많은 생을 보살로 지내야 한다는 것이 정해져 있습니까?

답 물론 정해진 것은 아닙니다. 그것은 인간이 부처가 되기로 결심했을 때의 수행의 정도에 따른 인격적 성품에 달려 있다고 보아야 합니다.

112. 문 보살들에게도 여러 가지 다른 구분이 가능합니까?

답 보살들은 아직 부처님이 아닙니다. 미래의 부처님이 될 분으로 세 가지의 구분이 가능합니다.

113. 문 그 세 종류의 보살은 어떻게 불립니까?

답 지혜의 길을 취하는 지행보살(智行菩薩 : paññā-dhikabodhisatta), 믿음의 길을 취하는 신행보살(信行菩薩 : saddhādikabodhisatta), 정진의 길을 취하는 근행보살(勤行菩薩 : viriyādhikabodhisatta)이 있습니다. 첫 번째 길은 서두르지 않고, 두 번째 길은 믿음으로 충만해 있고, 세 번째 길은 선한 일을 행하는 데 지체함이 없는 것이 특징입니다.

114. 문 보살이 역사적인 부처님이 되었을 때에 인간이 겪는 괴로움의 원인을 한마디로 말한다면 무엇이라고 보았습니까?

답 무지 또는 무명(無明 : *pali.* avijjā, *sk.* avidyā)입니다.

115. 문 그 무지 또는 무명의 치유책은 무엇입니까?

답 지혜를 얻으면 무지나 무명을 몰아낼 수 있습니다.

116. 문 어떻게 무지가 괴로움을 생겨나게 합니까?

답 우리는 무지 때문에 기뻐하지 말아야 할 것을 기뻐하고, 슬퍼하지 말아야 할 것을 슬퍼하고 실체가 아닌 것을 실체라고 생각합니다. 우리는 실제로 가치 있고 귀중한 것을 무시하며 가치 없는 대상을 추구하며 살고 있습니다. 이와 같은 무지의 전도된 생각 때문에 괴로움이 생겨납니다.

117. 문 가장 가치 있는 대상은 무엇입니까?

답 우리 이웃과 우리 자신의 실제적인 가치를 평가하고 행복을 최대한 늘이고 괴로움을 최소한으로 줄여 나아가도록 인간의 존재와 운명의 모든 비밀을 아는 것입니다.

118. 문 우리의 무지를 추방하고 모든 괴로움을 제거하는 데 빛이 되는 것은 무엇입니까?

답 부처님께서 말씀했듯이 '네 가지 거룩한 진리(四聖諦 : cattāri ariyasaccāni)' 입니다.

119. 문 네 가지 거룩한 진리란 무엇입니까?

답 첫째로 이 생에서 저 생으로 태어나면서 늙고 병들어 죽어 가는 존재라는 괴로움의 진리(苦聖諦)가 있습니다. 둘째로 언제나 새롭게 생겨나는 끝을 모르는 이기적인 삶의 욕망이 괴로움의 원인이라는 진리(集聖諦)가 있습니다. 셋째로 이기적인 삶의 욕망이 완전히 소멸되는 것이 열반이라는 진리(滅聖諦)가 있습니다. 넷째, 그러한 욕망의 소멸로 가는 방법으로 올바른 길이 있다는 진리(道聖諦)입니다.

120. 문 괴로움에는 어떠한 것들이 있습니까?

답 태어남, 늙음, 병듦, 죽음, 사랑하는 사람과 헤어짐, 미워하는 사람과 만남, 구하지만 얻지 못하는 것의 여덟 가지의 괴로움이 있습니다. 그러나 그것들은 직접적인 괴로움이고 모든 변화하는 것에 대한 괴로움과 모든 형성된 것에 대해 느끼는 보다 심오한 괴로움이 있습니다.

121. 문 괴로움은 각 개인에 따라 다르지 않습니까?

답 그렇습니다. 그러나 모든 사람은 어느 정도 그러한 것들 때문에 괴로움을 받습니다. 그리고 예민한 사람은 심오한 괴로움을 터득하기도 합니다.

122. 문 불만족한 욕망과 무지에서 오는 탐욕이 가져오는 고통을 피할 수 있습니까?

답 무지에서 오는 탐욕을 완전히 정복할 때 가능한 것

입니다. 결국은 괴로움을 초래하고야 마는 삶과 그 즐거움에 대한 강렬한 욕망을 파괴함으로서 가능합니다.

123. 문 그러한 탐욕의 완전한 소멸은 어떻게 성취할 수 있습니까?

답 부처님께서 발견한 여덟 가지의 성스러운 길(八正道 : ariya aṭṭhaṅgikamagga)을 닦음으로써 가능합니다.

124. 문 여덟 가지의 성스러운 길이란 무엇입니까?

답 거기에는 올바른 견해, 올바른 사유, 올바른 언어, 올바른 행위, 올바른 생활, 올바른 정진, 올바른 새김, 올바른 집중이 있습니다. 이 거룩한 올바른 길을 수행하는 사람은 괴로움에서 벗어나 궁극적인 구원을 얻을 것입니다.

125. 문 올바른 견해(正見 : sammādiṭṭhi)란 무엇입니까?

답 올바른 견해에는 두 가지가 있습니다. 하나는 일반적인 것이고 하나는 성스러운 것입니다. 일반적인 올바른 견해는 소업분별경(小業分別經)에 따라, "모든 존재(衆生 : sattā)는 업(業)의 소유자들이며 업의 상속자들이며 업을 모태로 삼는 자들이며 업을 친지로 하는 자들이며 업을 의지처로 하는 자들이다." 라고 철저하게 인식하는 것입니다. 성스런 올바른 견해는 대념처경(大念處經)에 따라, "괴로움을 통찰하고 괴로움의 발생을 통찰하고 괴로움의 소멸을 통찰하고 괴로움의 소멸로 가는 길을 통찰하는 것이다. 이것을 수행승들이여, 올바른 견해라고 부른다."라고 네 가지 거룩한 진리(四聖諦)를 바르게 인식하는 것입니다.

126. 문 올바른 사유(正思惟 : sammasaṅkappa)란 무엇입니까?

답 올바른 사유에는 쌍고경(雙考經)에 따르면 이와 같은 세 가지가 있습니다. 첫째는 출리사유(出離思惟 : nekkhamma saṅkappa)입니다. 오욕락(五欲樂 : pañca kāmaguṇa) 즉 눈에 의해 인식되는 색, 귀에 의해 인식되는 소리, 코에 의해 인식되는 냄새, 혀에 의해 인식되는 맛, 몸에 의해 인식되는 촉감이 있는데, 그러한 것들을 즐기려는 욕망의 위험을 알고 욕망에서 떠나는 사유를 말합니다. 둘째는 무에사유(無恚思惟 : avyāpāda saṅkappa)입니다. 분노와 공격성을 키우고 적을 만들어 내며, 관계를 악화시키고 결국 악업을 생성시킨다. 그러므로 분노에서 떠나서 자애(慈 : mettā)로운 마음을 키우는 사유를 말합니다. 셋째는 무해사유(無害思惟 : avihiṁsa saṅkappa)입니다. 잔혹하고 공격적이고 폭력적인 사유를 없애는 이 연민(悲 : karuṇa)은 자애의 보충적인 사유를 말합니다.

127. 문 올바른 언어(正言 : sammāvācā)란 무엇입니까?

답 거짓말을 하지 않고(不妄語 : musāvāda veramaṇī), 중상하는 말을 하지 않고(不兩舌 : pisuṇāya vācāya veramaṇī), 추악한 말을 하지 않고(不惡口 : pharusāya vācāya veramaṇī), 쓸데없는 말을 하지 않는(不綺語 : samphappalāpā veramaṇī) 진실한 말을 하는 것을 말합니다.

128. 문 올바른 행위(正業 : sammākammanta)란 어떠한 것입니까?

답 생명을 살해하지 않고(不殺生 : pāṇātipātā veramaṇī), 주어지지 않은 것을 취하지 않고(不偸盜 : adinnādānā veramaṇī), 애욕에 관해 잘못된 행위를 하지 않는(不邪淫 : kāmesu micchācārā veramaṇī) 청정한 행위를 말합니다.

129. 문 올바른 생활(正命 : sammā-ājīva)이란 무엇입니까?

답 부처님께서는 숫타니파타(Suttanipāta)에서 일반적인 신도의 올바른 생활에 관해 "어머니와 아버지를 섬기고, 아내와 자식을 돌보고, 일을 함에 혼란스럽지 않게 하며, 나누어주고 정의롭고, 친지를 보호하고, 비난받지 않는 행동을 해야 한다." 라고 말씀하셨습니다. 그리고 성스러운 출세간적인 올바른 생활의 요체는 법구경(法句經)에서 "부끄러움이 없이 철면피하고 무례하고 대담하고 죄악에 오염된 사람의 생활은 쉬우나 부끄러움이 있고, 항상 청정을 구하고, 집착 없이, 겸손하여, 청정한 생활을 영위하는 식견 있는 사람의 생활은 어렵다." 라고 하여 청정한 삶을 영위하는 데 있다고 했습니다.

130. 문 올바른 정진(正精進 : sammāvāyāma)이란 무엇입니까?

답 정진의 힘에 의해서 오염된 마음이 해탈된 마음으로 바뀝니다. 이러한 올바른 정진에는 네 가지의 정진(四精勤)이 있습니다 첫째는 방지의 노력(律儀勤 : saṁvarappadhāna)입니다. 아직 생겨나지 않은 불건전한 악한 상태들이 생겨나지 않도록 의욕을 일으키고 노력하고 정근하고 마음을 책려하고 정진하는 것입니다. 둘째는 버림의 노력(斷勤 : pahānappadhāna)입니다. 이미 생겨난 악한 불건전한 상태들을 제거하기 위하여 의욕을 일으키고 노력하고 정근하고 마음을 책려하여 정진하는 것입니다. 셋째는 수행의 노력(修勤 : bhāvanāppadhāna)입니다. 아직 일어나지 않은 건전한 상태를 일으키기 위하여 의욕을 일으키고 노력하고 정근하고 마음을 책려하여 정진하는 것입니다. 넷째, 수호의 노력(守護勤 : anurakkhaṇāppadhāna)입니다. 이미 생겨난 건전한 상태를 유지하여 잊어버리지 않고 증가시키고 충일하고 충만하도록 의욕을 일으키고 정근하고 마음은 책려하는 것입니다.

131. 문 올바른 새김(正念 : sammāsati)이란 무엇입니까?

답 올바른 마음새김에는 네 가지 마음새김의 토대(四念處 : cattaro satipaṭṭhānā)가 있습니다. 첫째는 몸에 대한 관찰(身隨觀 : kāyānupassanā)입니다. 기본적으로 걷거나(行), 서있거나(住), 앉거나(坐), 누워있을(臥) 때에나 어떠한 상태에 있을 지가도 마음에 새겨 세밀히 관찰하는 것과 호

흡에 대한 관찰, 부정물로 가득차 신체에 대한 관찰 등이 있습니다. 둘째는 감수에 대한 관찰(受隨觀 : vedanānupassanā)입니다. 육체적인 즐거운 감수를 느끼면 '나는 육체적인 즐거운 감수를 느낀다' 라고 분명히 아는 것입니다. 정신적인 즐거운 감수를 느끼면 '나는 정신적인 즐거운 감수를 느낀다' 라고 감수의 속성에 대해 분명히 아는 것입니다. 셋째는 마음에 대한 관찰(心隨觀 : cittānupassanā)입니다. 탐욕의 유무 이외에 미움의 있고 없음, 우치가 있고 없음, 과밀되거나 흩어짐, 계발되었거나 되지 않음, 열등하거나 최상임, 집중되거나 되지 않음, 해탈했거나 하지 않음의 도합 열여섯 가지의 마음의 작용을 있는 그대로 관찰하는 것입니다. 넷째는 법에 대한 관찰(法隨觀 : dhammānupassanā)입니다. 부처님께서 가르친 궁극적인 진리로서의 법(法 : dhamma)은 신비적이거나 비교적(秘敎的)인 것이 아니라, 우리가 직접 알고 볼 수 있는 것들이라는 사실을 확인해야 합니다. 부처님께서는 디가니까야(Dīghanikāya)[7] 등에서 "법은 현세적이고 무시간적이며 와서 보라는 것이며 승화시키는 것으로 슬기로운 자 하나 하나에게 알려지는 것이다 (sandiṭṭhiko dhammo akāliko ehipassiko opanayiko paccattaṁ veditabbo viññuhi)" 라고 했습니다.

---

[7] 빠알리성전 가운데 장부(長部) 경전으로 북전의 팔만대장경에서 장아함경에 해당한다.

132. 문 올바른 집중(正定 : sammāsamādhi)이란 무엇입니까?

답 올바른 집중에는 일반적으로 네 가지의 단계가 있는데 집중의 정도가 높을 수록 첫 번째에서 네 번째의 선정(禪定 : dhyāna)으로 발전하게 됩니다. 쌍윳따니까야(Saṁyuttanikāya)[8] 등에서 선정의 발전 단계를 설명하고 있습니다. 첫번째 선정의 과정은 이렇습니다. 감각적 욕망을 떠나고 불선법(不善法)을 떠나면 사유(尋)와 숙고(伺)를 갖추고 원리(遠離)에서 생겨나는 기쁨과 즐거움을 갖춘 초선(初禪)에 도달하게 됩니다. 두번째 선정의 과정은 이렇습니다. 사유와 숙고를 보다 거친 것으로 파악하여 제거하면 내적인 평정, 심일경성(心一境性), 무심(無尋), 무사(無伺), 삼매에서 생겨나는 희열과 행복을 갖춘 이선(二禪)에 도달하게 됩니다. 세번째 선정의 과정은 이렇습니다. 희열을 보다 거친 것으로 파악하여 제거하면 평정하고 주의 깊어 행복에 머무는 삼선(三禪)에 도달하게 됩니다. 네번째 선정의 과정은 이렇습니다. 평정의 느낌보다 거칠게 지각되는 행복이 제거되면 행복도 없고 고통도 없는 평정하고, 주의 깊고, 청정한 사선(四禪)에 도달하게 됩니다.

---

8) 빠알리성전 가운데 상응부(相應部) 경전으로 북전의 팔만대장경에서 잡아함경에 해당하는 경전이다. 주제에 따라 잘 편집된 경전이라는 뜻이다. 북전에서는 잡아함경이라고 붙여진 것은 전해지는 과정에서 착간되었기 때문이라고 한다.

133. 문 구원이라는 말보다 더 좋은 말이 있습니까?

답 있습니다. 해탈(解脫 : *sk.* vimukti, *pali.* vimutti)이라는 말입니다.

134. 문 해탈이라면 무엇으로부터 해탈하는 것입니까?

답 무지와 오염된 탐욕에서 생겨난 윤회의 괴로움에서의 해탈하는 것입니다.

135. 문 이러한 해탈이 성취되면 우리는 어디에 도달합니까?

답 열반(涅槃 : *sk.* nirvāṇa, *pali.* nibbāna)입니다.

136. 문 열반은 무엇입니까?

답 모든 변화가 끝난 상태, 완전한 휴식, 욕망이나 망상이나 괴로움이 없고 육체적이고 정신적인 인간을 형성하는 모든 것의 완전한 멈춤 상태를 말합니다. 열반에 도달하기 전까지 모든 생명체는 계속해서 윤회합니다. 열반에 이르게 되면 더 이상 윤회하지 않게 됩니다.

137. 문 열반에 대한 다른 표현들은 어떠한 것이 있습니까?

답 모든 괴로움과 변화가 소멸되었다는 의미에서 무위(無爲), 무루(無漏), 불노(不老), 무희론(無戱論), 무재(無災), 이탐(離貪), 무진(無瞋), 불사(不死), 애진(愛盡), 무착(無着) 등이 있습니다. 그리고 열반이 최고선을 나타낸다는 의미에서 진리(眞理), 피안(彼岸), 극묘(極妙), 조견(照見), 적정(寂

淨), 지복(至福), 안온(安穩), 청정(淸淨), 해탈(解脫)등이 있습니다.

138. 문 어떤 사람은 열반을 하늘나라 즉 천국이라고 생각하고 있습니다. 맞습니까?

답 아닙니다. 꾸따단따(Kūṭadanta)9)가 부처님에게 '열반은 어디에 있습니까?'라고 물었을 때에 '가르침이 지켜지는 어느 곳에나 있다.'라고 말씀했습니다.

139. 문 무엇이 우리를 다시 태어나게 합니까?

답 다시 태어나게 되는 이유는 이 세상을 살아가는데 결코 만족될 수 없는 개인의 이기적인 욕망 때문입니다. 육신의 생존을 위한 꺼지지 않는 갈애(渴愛)가 그 힘입니다. 그 창조적인 힘은 너무 강해서 존재를 계속적인 삶의 윤회로 되돌아가게 만듭니다.

140. 문 우리의 윤회는 어떻든 만족할 줄 모르는 욕망의 본성에 지배되는 것이군요.

답 그렇습니다. 그리고 또한 개인적인 덕성이나 허물에 기인합니다.

---

9) 빔비사라 왕이 하사한 카누마타(Khānumata)라는 봉토에 살던 제사장이다. 그의 이야기는 디가니까야(長部)의 꾸따단따경에 등장한다. 그는 큰 제사를 준비하다가 부처님을 만나 제사 등에 관해 토론을 하다가 깨달음을 얻고 부처님께 귀의한다.

141. 문 우리의 덕성이나 허물이 우리가 다시 태어나게 될 상태나 조건이나 모습을 결정하는 것입니까?

답 그렇습니다. 큰 원칙으로 보아 우리에게 덕성이 풍부하면 내생에 행복하고 좋은 곳에 태어나며, 우리가 허물이 많으면 내생에 불행하고 나쁜 곳에 태어납니다.

142. 문 불교적 가르침의 중요한 기둥은 모든 것이 어떤 원인의 결과라는 것입니까?

답 그렇습니다. 물론 즉시적이거나 즉시적이 아닌 시간적인 차이는 있습니다.

143. 문 그러한 인과관계를 우리는 무엇이라고 부릅니까?

답 개인에 적용하자면 우리는 그것을 카르마(業 : *sk.* karma, *pali.* kamma) 라고 부릅니다. 카르마는 행위의 법칙입니다. 우리는 우리가 행위하는 대로 즐거움이나 괴로움을 받습니다.

144. 문 악한 사람이 카르마의 결과에서 벗어날 수가 있습니까?

답 법구경에 나와 있듯이 땅이나 하늘이나 바다에서나 산의 계곡에서나 악한 행위가 괴로움을 낳지 않는 경우는 없습니다.

145. 문 선한 사람은 어떻습니까?

답 선한 사람이 유익한 행위를 해서 좋은 공덕을 쌓으

면 악한 카르마를 극복해서 보다 높은 정신적 발전을 이룩할 수 있는 좋은 환경을 획득할 수 있을 뿐만 아니라 훌륭한 몸을 받아 지니며, 적절한 때를 타고나며, 자신에 알맞은 교육을 받을 수 있습니다.

146. 문 그러한 결과를 성취하는 것을 무엇이라고 부릅니까?

답 환경의 성취, 존재의 성취, 시간의 성취, 적응의 성취라고 부릅니다.

147. 문 그러한 카르마의 이론은 상식이나 현대과학의 이론과 일치합니까 그렇지 못합니까?

답 완전히 일치합니다. 의심의 여지가 없습니다.

148. 문 모든 사람이 부처님이 될 수 있습니까?

답 모든 사람이 저절로 부처님이 된다고 볼 수는 없습니다. 부처님께서는 오랜 우주기를 통해서 수행한 결과로 그러한 지위에 오르신 분입니다. 인간에게는 어두운 길을 밝혀 열반으로 향하는 길을 보여주는 스승의 존재가 절대적으로 필요합니다. 그렇게 해서 자신의 무지와 탐욕을 극복하면 부처님이 될 수 있습니다. 그러나 원칙적으로는 모든 존재가 동등하기 때문에 스승 없이도 자신의 무지를 극복하면 지혜를 얻어 열반에 도달할 수 있습니다.

149. 문 불교는 인간이 오직 이 세상(地球上)에만 다시 태어난다고 생각합니까?

가 르 침

㉮ 인간이 행위가 이 세상의 수준을 넘어서지 못하는 한 그렇습니다. 그러나 다시 태어나서 주거할 수 있는 세계는 무한합니다. 인간이 다음에 탄생할 세계뿐만 아니라 그 태생 자체는 선악의 행위에 의하여 결정됩니다. 다른 존재의 세계에 태어나는 것은 과학적으로 서술하자면 관성이나 이끌림에 의하여 결정됩니다. 불교에서는 그것을 카르마라고 합니다.

150. ㉯ 우리가 사는 지구보다 더 완전히 발전되거나 못한 다른 세계가 존재합니까?

㉮ 불교의 가르침에 의하면 다른 세계들이 존재합니다. 세계의 전체 구조는 다양한 종류로 구성되어 있고 각 세계의 거주자들은 그 자신의 수행 정도에 일치하는 세계에서 살고 있습니다.

151. ㉯ 부처님께서 자신의 가르침을 한 마디로 요약한 가르침이 있습니까?

㉮ 예, 있습니다.

152. ㉯ 어떠한 가르침이 있습니까?

㉮ 부처님께서는 법구경에서 "모든 죄악은 짓지 말고 모든 선은 받들어 행하여 자신의 마음을 깨끗이 하는 것이 모든 부처님의 가르침이다.[10] "라고 하셨습니다.

---

10) 인구에 회자되는 유명한 시이다. 선불교에서 특히 잘알려진 시이다. 당

153. 문 위의 경구가 어떻게 많은 부처님의 가르침을 대변합니까?

답 팔만대장경의 삼장에 견주어보면 첫번째의 시행 '모든 죄악을 짓지 말고'는 율장을 대변하고, 두번째의 시행 '모든 선을 받들어 행하고'는 경장을 대변하고, 세번째의 시행 '자신의 마음을 깨끗이 하는 것'은 논장을 대변합니다. 네 번째의 시행 '이것이 모든 부처님의 가르침이다.'는 위의 시가 모든 부처님의 정신으로 빛나는 것임을 확인하는 것입니다.

154. 문 부처님의 가르침은 수동적이고 소극적인 것이 아닙니까? 어떻습니까? 불교가 능동적이고 적극적인 종교라고 할 수 있습니까?

답 '모든 죄악은 짓지 않는 것'은 소극적이지만 '모든 선은 받들어 행하는 것'과 '자신의 마음을 깨끗이 하는 것'은 능동적이고 적극적인 것입니다. 부처님께서는 죄악을 짓지 말라고 했을 뿐만 아니라 적극적으로 선을 행하라고 했습니다.

---

당나라 때에 백거이가 불법의 대의를 묻자 도림선사는 이 시구를 대답으로 제시했다. 백거이는 "'모든 죄악을 짓지 말고 모든 선을 받들어 행하라'는 말은 세살먹은 어린아이도 아는 말이 아닙니까?"라고 대답했으나 선사는 "세살먹은 어린아이도 알 수 있으나 여든 살 먹은 노인도 행하기 어렵다."고 대답했다. 한역으로는 '諸惡莫作 衆善奉行 自淨其意 是諸佛敎'라고 번역되어 있다. 빠알리어 원문은 다음과 같다.

    sabbapāpassa akaraṇaṁ kusalassa upasampadā ǀ
    sacittapariyodapanaṁ etaṁ buddhānasasanaṁ. ǁ

155. 문 불교도가 귀의하는 세 가지의 대상은 무엇입니까?

　　답 삼귀의(三歸依)라고 부르는 예불형태에서 찾아 볼 수 있습니다. 우리나라에서는 불교도들이 다음과 같은 삼귀의 예불의 첫 번째 시만을 반복하지만 남방에서는 세 번째 시까지 반복합니다.

　　　　거룩한　부처님께 귀의합니다
　　　　거룩한　가르침에 귀의합니다
　　　　거룩한　승가님에 귀의합니다

　　　　성스러운 부처님께 귀의합니다
　　　　성스러운 가르침에 귀의합니다
　　　　성스러운 승가님에 귀의합니다

　　　　원만하신 부처님께 귀의합니다
　　　　원만하신 가르침에 귀의합니다
　　　　원만하신 승가님에 귀의합니다[11]

---

11) 이 삼귀의(三歸依::tisarana)는 필자가 아래와 같은 빠알리 예불문을 임의로 번역한 것이다.

　　　　buddhaṁ saraṇaṁ gacchāmi.
　　　　dhammaṁ saraṇaṁ gacchāmi.
　　　　saṅghaṁ saraṇaṁ gacchāmi.
　　　　dutiyampi buddhaṁ saraṇaṁ gacchāmi.
　　　　dutiyampi dhammaṁ saraṇaṁ gacchāmi.
　　　　dutiyampi saṅghaṁ saraṇaṁ gacchāmi.
　　　　tatiyampi buddhaṁ saraṇaṁ gacchāmi.
　　　　tatiyampi dhammaṁ saraṇaṁ gacchāmi.
　　　　tatiyampi saṅghaṁ saraṇaṁ gacchāmi.

156. 문 그 세 가지 귀의의 의미는 무엇입니까?

답 부처님을 깨달은 분으로 전지자로 스승으로 친구로 여기고, 가르침을 본질적으로 변경될 수 없는 진리와 정의로 또는 마음의 완전한 평화를 구현시키는 길로 인식하고 승가를 부처님께서 설하신 탁월한 가르침에 대한 모범이 되는 스승들의 모임으로 받드는 것입니다.

157. 문 그러나 그러한 승가 가운데는 지적으로나 도덕적으로 열등한 사람들이 있지 않습니까?

답 그렇습니다. 그러나 부처님께서 가르치신 바와 같이 계율을 지키고 마음을 제어하고 고귀한 지위에 든 여덟 종류의 참사람들의 모임을 승가라고 할 수 있습니다. 그 여덟 가지 종류의 참사람은 이와 같습니다. 성스러운 진리의 흐름으로 가는 사람(預流向)과 진리의 흐름에 든 사람(預流果), 천상에 가서 열반에 들기 위해 다시 한번 욕계로 돌아오는 지위를 향하는 사람(一來向)과 그 지위를 얻은 사람(一來果) 천상에 가서 해탈하여 욕계로 돌아오지 않는 지위를 향하는 사람(不還向)과 그 지위를 얻은 사람(不還果), 그리고 최종적으로 이 생에서 열반을 얻는 지위로 향하는 사람(阿羅漢向)과 그 지위를 얻은 사람(阿羅漢果)의 네쌍으로 여덟이 되는 참사람들(四雙八輩)를 말합니다.

158. 문 그렇다면 진정한 불교도들이 귀의하는 자로서 가치 없는 스승들은 없겠군요.

답 그렇다고 볼 수 있습니다.

159. 문 신도들이 일반적으로 지켜야하는 보편적 계율로서 '다섯 가지의 계행(五戒 : pañcasīla)'은 무엇을 의미합니까?

답 불교도로 입문할 때에 지켜야하는 다섯 가지의 계행은 이와 같습니다. 첫째, 살아 있는 생명을 해치지 않는 계행(不殺生)을 지키겠습니다. 둘째, 주지 않는 것을 빼앗지 않는 계행(不偸盜)을 지키겠습니다. 셋째, 사랑을 나눔에 잘못된 행동을 하지 않는 계행(不邪淫)을 지키겠습니다. 넷째, 어리석은 거짓말을 하지 않는 계행(不妄語)을 지키겠습니다. 다섯째, 곡주나 과일주 등의 취기 있는 것에 취하지 않는 계행(不飮酒)을 지키겠습니다.

160. 문 이 다섯 가지의 계행을 지키는 이유는 무엇입니까?

답 이 계율을 잘 지키는 사람은 인간적인 비극을 만들어내는 모든 원인에서 벗어날 수 있습니다. 역사를 공부해 보면 모든 인류의 비극은 이들 계행의 대상이 되는 원인들 가운데 하나 또는 그 이상에서 발생하는 것을 알 수가 있습니다.

161. 문 이들 계행들 가운데 부처님께서 가장 강조하신 것은 무엇입니까?

답 살생과 사음 그리고 음주는 사람들이 괴로워하는 원인의 95%에 해당합니다.

162. 문 이러한 계행을 지키면 우리에게 어떠한 이득이 있습니까?

답 어떻게 얼마나 많이 또는 오랫동안 계행을 지키느냐에 따라서 그 덕행에 대한 공덕이 쌓이게 됩니다. 우리가 하나의 계행만 지키고 다른 계행을 어기면 오직 그 계행을 지킨 공덕만을 누리게 됩니다. 그러나 오랫동안 많은 계행을 지켜 나아가면 더욱 큰 공덕을 누리게 됩니다. 그래서 우리가 모든 계행을 다 잘 지키면 보다 높고 행복한 상태로 발전합니다.

163. 문 신도들이 자발적으로 지키고자 할 때에 지킬 수 있는 다른 계행도 있습니까?

답 여덟 가지의 계행(八齊戒)이 있습니다. 이것은 위에서 언급한 다섯 가지의 계행에 세 가지 계행을 추가한 것입니다. 여덟 가지의 계행을 모두 지키려는 사람은 이와 같이 맹세합니다. 첫째, 살아있는 생명을 해치지 않는 계행을 지키겠습니다. 둘째, 주지 않는 것을 빼앗지 않는 계행을 지키겠습니다. 셋째, 사랑을 나눔에 잘못을 범하지 않는 계행을 지키겠습니다. 넷째, 어리석은 거짓말을 하지 않는 계행을 지키겠습니다. 다섯째, 곡주나 과일주 등의 취기 있는 것에 취하지 않는 계행을 지키겠습니다. 여섯째, 때가 아닌 때에 음식을 취하지 않는 계행을 지키겠습니다. 일곱째, 무용·노래·음악을 보고 듣거나 꽃이나 향으로 분장하고 액세서리로 치장하지 않는 계행을 지키겠습니다. 여덟째, 높은 침상이나 커다란 침상에서 자지 않는 계행을 지키겠습니다.

164. 문 불교도들은 진정한 선(善)을 어떻게 봅니까?

답 오직 형식적으로 따라하는 선은 큰 공덕이 없습니다. 진정한 선은 행위를 불러일으키는 내적인 동기에 달려 있습니다.

165. 문 내적인 동기와 선(善)의 관계에 관해 예를 들어주십시오.

답 부자가 어마어마한 돈으로 절을 지워서 불상을 만들고, 제사를 지내고, 스님들에게 보시를 하고 가난한 자에게 음식을 나누어주고, 나무를 심고, 우물을 파고, 여행객을 위해 객사를 짓더라도 그것이 과시하기 위한 것이거나 칭찬받기 위한 것이거나 다른 이기적인 동기에서 그렇게 했다면 상대적으로 적은 공덕을 쌓게 됩니다. 그러나 그 모든 것을 동시대인들을 사랑하는 동기에서 했다면, 그것은 커다란 공덕을 낳게 됩니다. 악한 동기로 한 선한 행동도 다른 사람을 유익하게 하지만 그 자신을 유익하게 하지는 않습니다. 다른 사람들이 한 좋은 행동을 칭찬하는 것이 거짓이 아니라 진실이라면 그 좋은 행위의 공덕을 나누어 갖는 결과가 됩니다.

166. 문 모든 유익한 행위 가운데 가장 유익한 행위는 무엇입니까?

답 부처님의 가르침을 전파하는 것입니다.

167. 문 어떤 책이 부처님의 탁월한 지혜를 담고 있습니까?

답 부처님의 가르침을 담고 있는 세 종류의 보고(寶庫)를 삼장(三藏 : sk. tripiṭaka, pali. tipiṭaka)이라고 합니다.

168. 문 그 세 가지의 보고의 이름은 무엇입니까?

답 율장(律藏 : pali. vinayapiṭaka), 경장(經藏 : pali. suttapiṭaka), 논장(論藏 : pali. abhidhammapiṭaka)입니다.

169. 문 각각 어떠한 내용을 담고 있습니까?

답 율장은 도덕적인 것으로 승가에서 지켜야할 규칙이나 계율에 관한 모든 것을 기록한 책들입니다. 경장은 모든 사람에게 적용될 수 있는 보편적인 가르침과 윤리에 관해 집대성한 책들입니다. 논장은 가르침을 보다 체계화한 것으로 정밀한 수행에 도움이 되도록 편찬한 책들입니다.

170. 문 불교도들은 이러한 것이 신적인 존재들이 계시한 것이라고 믿습니까?

답 아닙니다. 부처님께서 윤회의 속박을 부술 수 있는 탁월한 진리의 가르침을 집대성한 것입니다.

171. 문 삼장의 전체분량은 얼마나 많습니까?

답 리스 데이비드가 계산한 바로는 빠알리삼장의 경우

175만 2천 8백 단어로 이루어 졌습니다. 현존하는 북방의 서장대장경이나 한역대장경의 분량은 이보다 훨씬 많습니다. 그래서 팔만대장경이라고도 합니다.

172. 문 빠알리삼장은 언제 처음 기록되었습니까?

답 불멸후 330년경(기원전88-76년)에 스리랑카의 밧타가마니(Vaṭṭagāmaṇī)왕 당시에 이루어졌습니다.

173. 문 부처님께서 하신 모든 말씀이 기록되어 있습니까?

답 아마도 그렇지는 않습니다. 그렇지만 이상할 것은 없습니다. 부처님께서 대중과 생활하신 45년간에 수많은 설법을 했습니다. 이들 가운데 많은 부분이 전승되지 않았거나 전쟁과 박해의 시대를 거치면서 산실되고 흩어지기도 하면서 훼손되었습니다. 역사는 부처님의 가르침을 이해하지 못하는 이교도들이 수많은 불경을 코코넛 나무 높이 만큼이나 쌓아서 불태웠다고 기록하고 있습니다.

174. 문 불교도들은 부처님의 공덕이 넘치기 때문에 부처님께서 우리를 사적인 죄악에서 구원해 준다고 믿습니까?

답 절대 아닙니다. 인간은 스스로가 자신을 해탈시켜야 합니다. 우리 자신이 무지의 희생자, 꺼지지 않는 욕망의 노예로서 끝없이 윤회하는 한 스스로가 스스로를 구원해야 합니다.

175. 문 그렇다면 부처님은 우리에게 또는 뭇삶에게 무엇입니까?

답 모든 것을 보고 모든 것을 아는 안내자입니다. 그는 평화의 길을 발견하고 가르치고 인간이 지닌 괴로움의 원인을 밝혀주고 치유하는 길을 가르치는 분입니다. 위험한 길을 지적하고 위험한 길에서 벗어나는 길을 안내하는 분입니다. 그분은 깊은 계곡 물이 흐르는 높게 걸린 다리를 가로지르는 눈먼 봉사인 우리를 바른 길로 안내해서 목숨을 구해 주는 생명의 은인과 같습니다.

176. 문 한 마디로 부처님의 가르침을 나타낸다면 어떤 단어가 적당하겠습니까?

답 정의 또는 의로움입니다.

177. 문 왜 정의가 부처님의 가르침을 대표합니까?

답 왜냐하면 부처님께서는 모든 사람이 자신이 지은 행위의 지배를 받으며 많지도 적지도 않게 정확하게 그 과보를 누린다고 말씀하셨기 때문입니다. 선행이건 악행이건 비밀리에 저질렀어도 카르마(業 : sk. Karma, pali. Kamma) 법칙의 공평한 척도에서 벗어날 수가 없기 때문입니다.

178. 문 카르마는 무엇입니까?

답 카르마란 도덕이나 정신물리적인 영역에 작용하는 인과를 말합니다. 불교도들은 인간의 일에 기적은 없다고 말합니다. 뿌린 대로 거두는 것입니다.

179. 문 불교의 본질을 표현하는 다른 말은 없습니까?

답 자비입니다.

180. 문 어떠한 가르침이 불교를 세계적인 종교로 만들었습니까?

답 바로 자비입니다. 이 가르침이 더욱 확대되어 대승불교에서는 미륵이라는 미래불로 인격화되었습니다. 자비나 미륵은 모두 어원적으로 자애라는 말에서 나온 것입니다.

181. 문 당신이 설명한 이 모든 것을 부처님께서는 보리수 아래서 명상하셨던 것입니까?

답 그렇습니다. 뿐만 아니라 불교성전의 많은 가르침이 그 내용을 담고 있습니다. 불교 가르침의 체계는 부처님의 위대한 깨달음에서 기원하는 것입니다.

182. 문 부처님께서는 보리수 얼마나 오랫동안 아래서 계셨습니까?

답 사십구일 동안 계셨습니다.

183. 문 부처님께서 다섯 동료수행자였던 수행자들에게 설한 첫 번째 설법을 무엇이라고 부릅니까?

답 초전법륜(初傳法輪)이라고 합니다.

184. 문 초전법륜의 내용은 무엇입니까?

답 이미 설명한 네가지 거룩한 진리인 사성제(四聖諦)

와 여덟 가지의 성스러운 길인 팔정도(八正道)입니다. 부처님께서는 고행자들의 극단적인 고행이나 다른 사람들의 감각적인 쾌락을 배격하고 황금의 중도(中道 : majjhima-paṭipadā)인 여덟 가지의 성스러운 길을 가르쳤습니다.

185. 문 불교의 중도는 중용(中庸)과는 다릅니까?

답 물론 다릅니다.

186. 문 부처님께서 말씀하신 중도사상에는 몇 가지가 있습니까?

답 불교의 중도는 모든 잘못된 극단적인 견해를 제거하고 올바른 길로 선택한 것입니다. 부처님이 설한 중도에는 유무중도, 단상중도, 일이중도, 자타중도, 거래중도, 생멸중도, 고락중도가 있습니다.

187. 문 유무중도(有無中道)란 무엇입니까?

답 모든 것은 존재한다든가 모든 것은 존재하지 않는다는 것은 모두 극단적인 잘못된 견해입니다. 그렇기 때문에 조건적으로 생성하고 소멸하는 연기법에 따라 팔정도의 길을 가는 것입니다.

188. 문 단상중도(斷常中道)란 무엇입니까?

답 이것은 단견(斷見)인 죽은 다음에 아무 것도 없다는 허무주의와 상견(常見)인 죽은 다음에 영혼은 불변하며 살아 있다는 영원주의가 모두 극단적인 견해로 잘못된 것입니다. 그러므로 선악에 의해 조건적으로 형성되는 카르마의 법칙을 알아 팔정도의 길을 가는 것이 단상중도입니다.

189. 문 일이중도(一異中道)란 무엇입니까?

답 모든 것은 같다라든가 모든 것은 다르다라는 견해는 모두 극단적인 세속적인 철학으로 각각 육체와 영혼은 다르다든가 같다는 영원주의나 허무주의에 바탕을 두고 있는 것입니다. 그러므로 단일한 실체 없이 조건적으로 형성되고 파괴되는 연기법을 알아 팔정도의 길을 가는 것이 일이중도입니다.

190. 문 자타중도(自他中道)란 무엇입니까?

답 모든 것은 자기가 만들었거나 타자가 만들었다고 하는 것도 영원한 실체를 인정하는 극단적이고 세속적인 철학으로 유심론이나 유물론에 바탕을 두고 있는 잘 못된 견해입니다. 그러므로 조건적으로 작용하는 연기법을 알아 팔정도의 길을 가는 것이 자타중도입니다.

191. 문 거래중도(去來中道)는 무엇입니까?

답 사물이 생겨 날 때에 원인이 결과에 가까이 와서 (來) 생겨나거나 멀어져서(去) 사라지는 것이 아니라 가고 오는 거래(去來)에 구속되지 않고 생겨나거나 사라지기 때문에 인과에서의 근접성은 필수적인 것이 아닙니다. 그러므로 시공적인 근접성과 관계없이 조건적으로 발생하는 연기법을 알아 팔정도의 길을 가는 것이 거래중도입니다.

192. 문 생멸중도(生滅中道)란 무엇입니까?

답 생멸중도란 사실상 생성하고 소멸하는 것 자체가 세속적 가현(假現)인 것을 나타내며 이러한 생멸이 소멸된 상태 즉 팔정도의 궁극에 도달한 상태인 열반을 중도적으로 표현한 것입니다.

193. 문 고락중도(苦樂中道)란 무엇입니까?

답 낙천적이고 쾌락주의적인 영원주의나 비관적이고 고행주의적인 허무주의는 두 가지의 극단적인 견해에 속하므로 잘못된 쾌락주의나 고행주의를 버리고 연기법적인 팔정도의 길을 가는 것이 고락중도입니다.

194. 문 부처님께서는 우상숭배를 어떻게 보았습니까?

답 당연히 배격했습니다. 신들이나 악마들이나 수호신들을 숭배하는 것은 그들보다 높은 정신적인 경지에 오르는데 족쇄가 된다고 보았습니다.

195. 문 그렇지만 불교도들은 사리탑이나 불상이나 부도탑 등에 절하지 않습니까?

답 그렇습니다. 그러나 우상숭배의 감정을 가지고 하는 것은 아닙니다.

196. 문 그렇다면 불상에 절하는 것과 우상숭배와의 차이점은 무엇입니까?

답 우상숭배자는 신들을 보고 보이지 않는 신들의 화신이라고 생각하고 보다 섬세한 우상숭배자들은 신상이 무소부재한 신성의 화현이라고 생각합니다.

197. 문 불교도들 스스로는 불상에 대한 예배를 어떻게 생각합니까?

답 불교도들은 불상과 스승과 신도들에게 예배하지만 오로지 이 시대의 가장 위대하고 지혜롭고 자비로운 부처님과 스승들과 도반들에게 존경하는 마음으로 예배하는 것뿐입니다. 그리고 모든 인류가 위대하다고 생각되는 남녀의 유품이나 기념품을 보존하고 간직하고 기념하는 것은 자연스러운 것입니다. 부처님은 우리 인류에게 가장 존경스럽고 자애스러운 분입니다.

198. 문 부처님 자신이 우상숭배를 배격하는 결정적인 증언을 말씀하신 적이 있습니까?

답 물론입니다. 부처님께서는 대반열반경(大般涅槃經 : Mahāparinibbānasutta)[12]에서 우리에게 해탈은 영원주의적인 우상숭배나 허무주의적인 자아숭배가 아니라 오로지 성스러운 삶 즉 여덟 가지의 성스러운 길을 통해서만 성취될 수 있다고 말했습니다.

---

12) 빠알리성전에서 디가니까야(長部)에 소속된 경전이다.

199. 문 부처님께서는 각종 의례주의에 대하여 어떻게 생각했습니까?

답 처음부터 의례나 허례허식을 배격했습니다. 그것들은 우리의 정신을 속박하고 생명 없는 형식에 집착하는 결과를 낳을 뿐입니다.

200. 문 논쟁에 관하여 어떻게 생각합니까?

답 많은 대화에서 부처님께서는 논쟁을 가장 유해한 것으로 규정 지웠습니다. 이론이나 형이상학적으로 얼마나 치밀한가를 가지고 싸우는 것은 시간의 낭비하고 보다 높은 직관을 약화시키는 것이라고 말했습니다. 그러나 자주 만나 의견을 수렴하고 토론을 통해 해결책을 강구해 나아가는 것은 적극적으로 권장을 하였습니다.

201. 문 부적, 점술, 주술, 굿 등도 불교의 한 부분입니까?

답 아닙니다. 불교는 기본적으로 그러한 것들을 부정합니다. 그것들은 물신숭배나 범신주의나 다른 이교도들의 우상숭배에 속하는 것입니다. 부처님께서는 범망경(梵網經 : Brahmajālasutta)[13]에서 이러한 것들을 저속하고 거짓된 것이라고 묘사하고 있습니다. 이러한 것들과 불교가 혼재하는 것은 불교가 부패한 징조일 수 있습니다. 물론 위와 같은 것들도 학문적인 설명이 가능한 실제적인 것이기는 하지만

---

13) 빠알리성전에서 디가니까야(長部)에 소속된 경전이다.

이기적인 목적으로 쓰일 경우에 그 피해가 심각해질 수 있습니다. 그러나 유해하지 않고 이타적인 목적으로 쓰여진다면, 예를 들어 상대방의 질병을 낫게 한다던가 목숨을 구할 수 있다면 부처님도 그 사용을 허락하기는 했습니다.

202. 문 불교와 다른 일반적인 종교사이에 대조적인 차이점은 무엇입니까?

답 불교는 다른 종교와는 달리 창조주 없이 최상의 선(善)을 가르칩니다. 몸에서 분리될 수 있는 영원하고 형이상학적인 영혼이 있다는 식의 미신적이고 이기적인 가르침을 주장하지 않습니다. 불교는 다른 종교와는 달리 객관적인 하늘나라 없이 행복을 가르치고, 남을 대신해서 속죄하는 구제자 없이 스스로 구제하는 해탈을 가르칩니다. 궁극적으로 의례나 기도나 참회, 사제(司祭)가 없는 스스로의 구원을 가르칩니다. 최상의 행복인 열반은 현세에서 지혜와 자비를 통해 순수한 비이기적인 삶을 살아감으로 얻어진다는 것을 가르칩니다.

203. 문 열정을 잠재우고 명상에 몰입할 수 있는 삼매의 수행에는 어떠한 것이 있습니까?

답 멈춤(止 : samatha)과 관찰(觀 : vipassanā)이 있습니다. 멈춤은 싸마타라고 하는데 청정한 생활을 통해 열정을 억제하고 감각기관을 제어하는 것입니다. 관찰은 비빳싸나라고 하는데 돌이켜 비추어 지혜를 성취하는 것입니다.

204. 문 대중적인 불교에는 진리가 아닌 것과 비과학적인 것을 포함하고 있지 않습니까?

답 오랜 세월 동안 내려오는 모든 종교에는 진리와 비진리가 섞여 있습니다. 저 황금에조차도 불순물이 섞여 있듯이 불교도들의 시적인 상상력이나 열정 또는 미신에 대한 망설임 등이 오랜 세월 동안 다양한 나라에서 불교와 더불러 공존하다가 보니 진리가 아닌 것과 비과학적인 것이 포함되어 있습니다.

205. 문 그렇다면 사람들이 불교를 악용할 수도 있는데 진정한 불교도들의 소망은 어떻게 되는 것입니까?

답 진정한 불교도들은 진실과는 거리가 먼 교리의 왜곡을 볼 수 있어야 하고 보려고 노력하고 가능한 그러한 노력에 협조해야 합니다. 세 차례의 불전결집이 행해진 것은 부처님의 진정한 가르침을 모든 왜곡에서 수호하기 위해 행해졌던 것입니다.

206. 문 언제 부처님의 말씀을 모으는 불전결집이 행해졌습니까?

답 첫 번째는 부처님께서 돌아가신 직후 칠엽굴(七葉窟 : Sattapaṇṇaguhā)에서 행해졌습니다. 두 번째는 바이샬리(sk. Vaiśali)의 발루까(Vāluka) 정사에서 이루어졌으며,

세 번째는 빠딸리뿟따(Paṭaliputta)의 아쇼카라마(sk. Aśokā-rāma) 정사에서 이루어졌습니다.

207. 문 부처님께서는 가르침의 왜곡에 대하여 경고한 적이 있습니까?

답 그렇습니다. 쌍윳따니까야 등에서 자주 경고한 적이 있습니다.

208. 문 우리가 불교의 믿음을 받아들이는 데 어떤 독단적인 교리를 강요당하기도 합니까?

답 아닙니다. 우리는 책으로 쓰여진 것이거나 조상들로부터 전수 받은 것이거나 성자들이 가르친 것이거나 간에 진정으로 이 어떠한 것으로부터 믿도록 강요당하거나 명령 받은 적이 없습니다.

209. 문 그러한 고귀한 교훈은 부처님께서 직접 말하신 것입니까?

답 그렇습니다. 부처님께서는 짱끼경(Caṅkīsutta)14)에서 분명히 말씀하셨듯이 우리는 단지 말해진 것이라고 믿어서는 안 됩니다. 또한 조상으로부터 전수 받은 것이라고 해서 믿어서도 안 됩니다. 떠돌아다니는 소문이나 성자들이 기록한 것이라고 해서 믿어서도 안 됩니다. 그리고 우리의 내부

---

14) 짱기는 오빠싸다(Opasāda)라는 바라문 마을에 살던 학식이 많은 바라문이다. 빠알리성전의 맛지마니까야(中部)에서 그를 주제로한 짱끼경이 설해진다. 짱끼경은 진리의 기준에 관해 설해진 아주 유명한 경전이다.

에서 생겨난 신의 계시라고 해서, 또는 어떤 가정 위에 합리적으로 추론된 것이라고 해서 믿어서도 안 됩니다. 뿐만 아니라 스승의 권위에 힘입어 어떤 것을 믿어서도 안 됩니다.

210. 문 그렇다면 우리는 무엇을 믿어야 합니까?

답 우리는 기록된 부처님의 가르침이나 성자의 말씀이라도 그것이 우리 자신의 이성과 양심에 확신을 줄 때에 믿어야 합니다. 부처님께서는 "단지 그대들이 들었다고 해서 믿어서는 안되며 그대들 자신의 판단에 확신이 섰을 때에 거기에 따라 행동하라"라고 말씀하셨습니다. 이 말은 앙굿따라니까야(Aṅguttaranikāya)15)의 깔라마경(Kālāmasutta)에 나옵니다.

211. 문 부처님께서는 자신을 무엇이라고 했습니까?

답 그분은 자신과 부처님을 오직 길을 안내하는 진리의 '설법자'라고 했습니다. 우리 자신이 그 길을 걸어가야 합니다.

212. 문 어디에 그러한 말이 기록되어 있습니까?

답 법구경에 기록되어 있습니다.

213. 문 불교는 위선에 관해 어떻게 생각합니까?

답 법구경에서는 위선자를 향기가 없는 아름다운 꽃에

---

15) 빠알리성전 가운데 증지부(增支部) 경전으로 북전 팔만대장경에서 증일아함경에 해당한다.

비유합니다. 실천하지 않는 사람의 훌륭한 언어는 열매가 없습니다.

214. 문 불교는 우리에게 악에 대하여 악으로 갚으라고 했습니까?

답 부처님께서는 법구경에서 "다른 사람이 어리석어 잘못을 하였더라도, 나는 아낌없는 자비를 돌려 줄 것이다. 그가 악하게 군다면 더욱 선하게 대할 것이다. 이것이야말로 아라한이 따르는 길이다." 라고 말씀하셨습니다. 악을 악으로 갚는 것은 불교에서 절대로 금지된 것입니다.

215. 문 악을 악으로 갚는 것은 잔인함을 조장하는 것입니까?

답 물론 아닐 수도 있습니다. 그러나 부처님께서는 가르침과 계율을 통해 모든 존재를 자비롭게 대하고 그들이 행복하길 바라고 모두를 사랑하여 목숨을 빼앗지 말고 삶을 훌륭하게 살도록 고무시켰습니다.

216. 문 그러한 내용은 어떤 경전에 있습니까?

답 부처님께서 담미까경(Dhammikasutta)[16]에서 "어떠한 생명이건 죽이거나 죽이도록 시키지 말라. 또한 그러한 뭇삶의 행위를 정당화시키지 말라. 어떠한 생명이든 해치지 말라." 라고 말씀하셨습니다.

217. 문 부유함이 미래의 행복을 도울 수 있습니까?

---

16) 빠알리성전에서 앙굿따라니까야(增支部)에 소속된 경전이다.

답 법구경에 "부유함으로 이끄는 길이 하나이고 열반으로 이끄는 길이 하나이다." 라는 구절이 있습니다.

218. 문 그 의미는 부자는 열반을 얻을 수 없다는 것입니까?

답 그것은 그가 어떤 것을 더욱 사랑하느냐에 달려 있습니다. 그가 부를 괴롭고 억압받고 무지한 인류의 이익을 위해 쓴다면 그의 부는 공덕을 쌓는데 도움을 줄 것입니다.

219. 문 만약 부자가 그렇지 못하다면 거꾸로가 아니겠습니까?

답 만약 부자가 자신의 소유를 위해 자본을 탐욕스럽게 축적하면 그것은 곧 그의 도덕적인 감성을 약화시켜, 그로 하여금 죄악을 짓게 만듭니다. 그리하여 이 생에서 그에게 불행이 닥치게 만들며, 내생에서 과보를 받게 됩니다.

220. 문 법구경에서 무지에 관하여 무엇이라고 말하고 있습니까?

답 무지는 인간이 저지르는 모든 번뇌보다도 더욱 나쁜 근원적인 번뇌입니다.

221. 문 타인을 향한 무자비에 관하여 어떻게 말씀하시겠습니까?

답 다른 사람의 잘못은 눈에 쉽게 띄고 자신의 잘못은 발견하기가 쉽지 않습니다. 사람은 이웃의 잘못은 왕겨처럼 키질하지만 자신의 잘못은 사기꾼이 도박판에서 속이듯이 감

춥니다.

222. 문 부처님께서는 가난한 사람에게 대한 인간의 의무에 관해 충고한 적이 있습니까?

답 사람은 자신의 수입을 넷으로 쪼개서 그 한 쪽을 이타적인 목적을 위해서 쓰라고 했습니다.

223. 문 직업에 관해서는 어떻게 말씀하셨습니까?

답 술을 팔거나, 도살을 목적으로 동물을 팔거나, 독을 팔거나, 살인적인 무기를 팔거나, 노예를 거래하거나 하는 것은 저열하고 비천한 직업으로 올바른 직업이 아니라고 했습니다.

224. 문 정신적인 진보가 불가능한 사람은 누구입니까?

답 아버지나 어머니나 성스러운 아라한을 살해한 사람, 부처님에게 상처를 입힌 사람, 극단적인 허무주의에 젖은 사람, 그리고 극단적으로 감각적인 쾌락을 추구하는 사람입니다.

225. 문 불교에도 악한 사람이 이 생을 마치면 가야 하는 고통스러운 곳이 있습니까?

답 있습니다. 등활지옥(等活地獄)[17], 흑승지옥(黑繩地獄)[18], 규환지옥(叫喚地獄)[19], 대규환지옥(大叫喚地獄)[20], 중

---

17) 많은 괴로움이 핍박해서 죽게 되는 고통을 겪으며 죽더라도 언제나 살아나서 동일한 괴로움을 받는 지옥을 말한다.
18) 악업을 뜻하는 검은 밧줄이 신체를 결박하는 고통을 주는 지옥이다.

합지옥(重合地獄)[21], 아비지옥(阿鼻地獄)[22], 염열지옥(炎熱地獄)[23], 극열지옥(極熱地獄)[24] 등이 있습니다.

226. 문 그러한 지옥에서 고통은 영원합니까?

답 아닙니다. 그 고통이 얼마만큼 지속될 것인가는 인간의 업보에 달려 있습니다.

227. 문 불교에서는 부처님을 믿지 않는 자들은 그 불신의 대가로 저주받는다고 가르칩니까?

답 아닙니다. 비록 윤회를 하더라도 훌륭한 행위를 하면 그에 상응하는 행복한 삶을 누릴 수 있습니다. 그러나 그 윤회를 벗어나려면 부처님께서 가르치신 여덟 가지의 성스러운 길을 닦아야 합니다.

228. 문 불교도들은 여성의 정신적 지위에 관해 어떻게 생각합니까?

답 근본적으로 여성은 남성과 동등한 위치에 있습니다. 쭐라베달라경(Cūlavedallasutta)[25]에서 여성이나 남성에게나

---

19) 많은 고통이 핍박하여 슬픈 비명을 지르는 지옥을 말한다.
20) 극심한 고통을 겪으면서 큰 비명을 지르는 지옥을 말한다.
21) 많은 고통이 합하여 짓이기며 신체를 파괴하는 지옥을 말한다.
22) 무간지옥이라고도 하며 잠시라도 고통이 닥아오지 않는 시간이 없는 지옥을 말한다.
23) 몸에 불이 붙어 신체를 태워버리는 지옥을 말한다.
24) 몸 안팎으로 맹렬한 불꽃이 붙어 고통스러워하며 서로를 해치는 지옥을 말한다.
25) 맛지마니까야(中部)에 소속되어 있는 경전이다.

아라한(阿羅漢 : Arahant)의 성스러운 지위는 열려져 있다고 했습니다.

229. 문 여성에 미친 불교의 영향에 대한 현대적인 평가는 어떻습니까?

답 다른 어떠한 종교보다도 불교는 여성에게 행복을 보장해 주었고 정치적인 권리도 주었습니다.

230. 문 부처님께서는 사회계급에 관해서는 어떻게 생각했습니까?

답 부처님께서는 사회적인 계급제도를 부정했습니다. 인도에서 사회적으로 불가촉천민이 가장 낮고 바라문이 가장 높은 대우를 받지만 "행위에 의해 천해지기도 하고 행위에 의해 고귀해지기도 한다."라고 말씀하셨습니다.

231. 문 그러한 내용을 뒷받침할 만한 이야기를 한 가지 해주십시오.

답 한 때에 부처님의 제자 아난다가 우물가를 지날 때에 매우 목이 말랐습니다. 마침 물을 긷던 천민 마땅가(Mātaṅga)[26]의 딸인 쁘라끄리띠(sk. Prakṛtti)에게 물 한 사발을 요청했습니다. 그 때에 그녀는 자신이 천민이라 물을 받아 마시면 부정을 탄다고 말했습니다. 그러나 아난다는 말했습니다. "나는 계급을 물은 것이 아니라 물을 요구한 것

---

26) 부처님 당시에 베나레스의 외곽에 살던 최하층계급에도 들지 못했던 짠달라(Caṇḍāla) 가문의 불가촉천민이었다.

입니다." 그래서 그녀는 기뻐하며 물을 떠주었습니다. 부처님께서도 그 이야기를 듣고 기뻐했습니다.

232. 문 부처님께서 다른 천민에 관해 이야기한 적이 있습니까?

답 많습니다. 특히 바쌀라경(Vasalasutta)27)에 나오는 이야기인데 천민 마땅가(Matanga)28)가 선행으로 높은 명성을 얻었습니다. 그래서 많은 귀족과 성직자 계급의 사람들이 그에게 시중을 들었습니다. 뿐만 아니라 사후에 많은 귀족이나 바라문들이 지옥에 떨어졌으나 그는 하늘나라에 태어났습니다.

233. 문 불교는 영혼의 불사(不死)를 가르칩니까?

답 불교에서는 영혼이 영생한다는 생각은 잘못된 생각입니다. 그러한 생각을 하는 것은 무지의 소산입니다. 모든 것이 변화하고 따라서 인간도 변화한다면 인간의 모든 부분도 변화하는 것입니다. 변화하는 것의 어떤 특정한 부분이 변화하지 않고 영원하다는 것은 타당하지 않습니다. 변화하는 것 가운데 영생하는 영혼이 따로 존재할 수 없습니다.

---

27) 숫타니파타(經集 : Suttanipāta)의 사품(邪品)에 등장하는 경전이다.
28) 불가촉천민인 짠달라(Caṇḍāla) 계급에 속하는 묘지기 가문(S-opāka)의 자손으로 태어난 보살의 이름이다.

234. 문 영혼이란 말이 이치에 타당하지 않은 이유를 다시 한 번 설명해주십시오.

답 영생하는 영혼이란 개념은 인간이 다른 모든 실체나 모든 우주의 존재와 분리되는 실체라는 생각과 관계되어 있습니다. 이 독립된 분리된 존재라는 생각은 납득이 가질 않는 것입니다. 모든 것은 서로 연관되어있고 상호의존적으로 성립하고 있습니다. 세계에서 독립된 실체라는 것은 추론으로 가능할 지 모르지만 실제적인 것은 아닙니다.

235. 문 분리된 영혼이나 자아가 없으면 또한 내가 소유하는 이것이나 저것도 없습니까?

답 바로 그렇습니다.

236. 문 독립된 영원한 영혼이 존재하지 않는다면, 인간 속에서 영원한 어떤 인격성이란 생각을 부여하는 것은 무엇입니까?

답 그것은 결코 만족하지 않고 영원히 생존하려는 욕망인 갈애입니다. 그 갈애를 지니고 있으면 선악의 업력의 영향으로 윤회를 거듭하게 됩니다.

237. 문 그러면 윤회할 때에 태어나는 것은 무엇입니까?

답 존재의 다발인 오온(五蘊 : pañcakkhandha)의 복합체입니다. 그것을 개성(個性)이라고 볼 수 있는데 죽어 가는 사람의 마지막 의식에 의해서 새롭게 결정되는 것입니다.

238. 문 존재의 다발에는 몇 가지 종류가 있습니까?

답 다섯 가지입니다.

239. 문 다섯 가지의 존재의 다발은 무엇입니까?

답 물질(色 : rūpa)과 느낌(受 : vedanā)과 지각(想 : saññā)과 형성(行 : saṅkhārā)과 의식(識 : viññāṇa)입니다.

240. 문 상세히 설명해 주십시오

답 물질은 자료적인 물질입니다. 느낌은 쾌나 불쾌의 감각적인 작용을 말합니다. 지각은 추상적인 개념적인 지각 작용을 말합니다. 형성은 마음의 성향이나 경향성을 말합니다. 의식은 정신적인 힘이나 표층의식 또는 잠재의식을 말합니다. 이러한 존재의 다발을 통해서 우리는 존재하게 되며 우리를 둘러싼 세계와 대화를 나눕니다.

241. 문 모든 개인이 다른 개인과는 다른 존재의 다발이라는 복합체를 갖게 되는 원인은 무엇입니까?

답 전생에서부터 개인적으로 성숙된 도덕적인 행위 즉 카르마가 다르기 때문입니다.

242. 문 도덕적 행위의 안내를 받아 활동해서 새로운 존재를 만들어내는 힘은 무엇입니까?

답 살려고 하는 의지인 갈애입니다.

243. 문 윤회의 가르침은 어디에 기반을 두고 성립한 것입니까?

답 완전한 정의, 평등, 균등이 우주적인 자연의 체계 속에 내재되어 있다는 인식에서부터 출발합니다. 불교도들은 한 생명이 - 백년을 살던 오백 년을 살던 - 인간의 도덕적 행위의 대가나 처벌을 받는데 충분히 오래 산다고 믿지는 않습니다. 보다 커다란 윤회의 주기 속에서 여러 생에 걸친 도덕적인 선악의 힘 가운데 더 우세한 힘에 의해서 개인의 삶은 이루어지는 것입니다.

244. 문 새로운 존재의 다발로 이루어진 새로운 개인은 동일한 사람입니까?

답 어떤 의미에서는 새로운 존재입니다만 다른 의미에서는 그렇지도 않습니다. 이 생에서도 존재의 다발은 끊임없이 변화하고 있습니다. 마흔 살 먹은 장년의 사람은 그가 열여덟 살 먹었을 때와 동일한 사람이기는 하지만 몸은 생리작용을 통해 변화되고 마음은 성격의 변화를 초래하였으므로 다른 사람이 된 것입니다. 그럼에도 불구하고 그 자신의 앞선 성장기의 사유와 행동에 의하여 초래되는 어떤 결과의 산물입니다. 이와 같이 윤회의 존재도 그 전생에서의 그 자신과 동일한 개인이기도 하지만 새로운 존재의 무리로 이루어졌으며 전생의 활동과 사유의 결과를 거두어들이고 있는 것입니다.

245. 문 모든 변화하는 현상세계에서 벗어난 것을 무엇이라고 합니까?

답 열반이라고 합니다.

246. 문 불교는 우리 모두가 열반에 도달해야 한다는 생각을 가지고 도달할 수 있는 것입니까?

답 아닙니다. 돈이나 지위나 감각적인 쾌락처럼 도달해야겠다는 의지로 도달할 수 있는 이기적인 것이 절대 아닙니다. 열반은 그렇게 도달할 수 있는 것이 절대 아닙니다. 현명하지 못하면 열반에 도달할 수 없도록 운명지워져 있습니다.

247. 문 좀더 상세히 말씀해 주십시오.

답 열반은 비이기성과 동일한 단어입니다. 자아를 진리에 완전히 복종시켜야 합니다. 어리석은 사람은 그 본질에 관해 조금도 알지 못하고 열반의 행복을 동경합니다. 이기성이 없는 무아가 곧 열반입니다. 결과를 얻기 위해서 선을 행하거나 천상의 행복을 얻기 위해 성스러운 생활을 영위하는 것은 부처님께서 가르치신 올바른 삶이 아닙니다. 보답을 바라지 않고 성스러운 삶을 영위하는 것이 최상의 삶입니다. 열반의 상태는 이 세상을 사는 동안에 얻을 수 있는 것입니다.

248. 문 성스러운 삶을 살아가는 데 결박이 되는 것은 어떠한 것입니까?

답 열 가지의 결박(十結)가 있습니다. 자기가 있다는

환상, 모든 일에 대한 의심, 미신적인 관습에 대한 집착, 감각적인 쾌락, 화냄, 형상에 대한 욕망, 무형상에 대한 욕망, 교만한 마음, 자기 정당화, 진리를 모르는 무지입니다.

249. 문 아라한이 되기 위해 얼마나 많은 이러한 결박의 족쇄가 부수어져야 합니까?

답 모든 결박의 족쇄가 부수어져야 합니다.

250. 문 다섯 가지의 장애(五障)는 무엇입니까?

답 탐욕, 악의, 방일, 교만, 의심입니다.

251. 문 왜 우리는 느낌, 충동, 마음의 활동과 마음의 장애를 세밀히 분석해서 올바로 보아야 하며, 부처님의 가르침에 따라 좀더 바로 볼 수 있도록 수행해야 합니까? 초심자에게는 매우 어렵습니다.

답 모든 주제에 관해서 우리의 마음을 수련해서 상세하게 숙고함으로서 우리 자신에 대한 지식을 얻으려면, 그렇게 관찰하는 것이 중요하기 때문입니다. 자신을 관찰하는 수행체계를 따름으로서 우리는 지혜를 얻어 진리를 있는 그대로 볼 수 있습니다. 이것이야말로 모든 현명한 스승이 학생들을 수련하게 하는 방법입니다.

252. 문 얼마나 많은 부처님의 제자들이 이러한 수행단계를 통해 스스로 변화되어 특수한 자질을 얻었습니까?

답 구별하자면 80명으로 분류됩니다. 그들은 80명의 위대한 제자들이라고 불립니다.

253. 문 부처님의 지혜는 무엇을 포함합니까?

답 그분은 알 수 있는 것과 알 수 없는 것, 가능한 것과 불가능한 것, 유익한 것과 유익하지 않은 것의 원인을 압니다. 그분은 모든 존재의 사유를 읽을 수 있습니다. 그분은 자연의 법칙, 감각적인 것의 허망한 성격, 욕망을 제어하는 수단을 압니다. 그분은 개인의 탄생과 재탄생 그리고 윤회를 알 수 있습니다.

254. 문 부처님께서 가르치신 모든 것의 기본적인 원리를 무엇이라고 부릅니까?

답 연기법(緣起法 : paṭiccasamuppāda)이라고 부릅니다.

255. 문 좀더 쉽게 설명한다면 어떻습니까?

답 매우 어렵습니다. 실제로 그 완전한 의미와 깊이를 깨닫는 것은 평범한 사람의 인식능력을 벗어나는 것입니다.

256. 문 그럼에도 불구하고 부처님은 무엇이라고 설명하지 않았습니까?

답 부처님께서는 쌍윳따니까야(Saṁyuttanikāya)등에서 간단하게 연기를 "이것이 있을 때 저것이 있게 되며, 이것이 생겨나므로 저것이 생겨난다. 이것이 없을 때 저것이 없게 되며, 이것이 소멸하므로 저것이 소멸한다 (imasmiṁ sati idaṁ hoti. imassuppādā idaṁ uppajjati. imasmiṁ asati idaṁ na hoti. imassa nirodhā idaṁ nirujjhati : 若有此卽有彼 若生此卽生彼 若無此卽無彼 若滅此卽滅彼)."라고 설명했습니다. 이 원리는 연기법의 조건적이고 수반적인 발생을 보여줍니다.

257. 문 부처님께서 말씀하신 위없는 바르고 원만하게 깨달은 법의 내용으로 되어 있는 십이연기(十二緣起)라는 것은 어떠한 것입니까?

답 십이연기란 쌍윳따니까야에 나와 있듯이 "무명을 조건으로 형성이 생겨나고, 형성을 조건으로 의식이 생겨나고, 의식을 조건으로 명색이 생겨나고, 명색을 조건으로 여섯감역이 생겨나고, 여섯감역을 조건으로 접촉이 생겨나고, 접촉을 조건으로 감수가 생겨나고, 감수를 조건으로 갈애가 생겨나고, 갈애를 조건으로 취착이 생겨나고, 취착을 조건으로 존재가 생겨나고, 존재를 조건으로 태어남이 생겨나고, 태어남을 조건으로 늙음과 죽음과 우울과 슬픔과 불안과 불쾌와 절망이 생겨난다." 는 원리입니다.

258. 문 무명(無明 : avijjā)이란 무엇입니까?

답 괴로움, 괴로움의 발생, 괴로움에서 소멸, 괴로움에서 소멸에 이르는 길 즉 사성제(四聖諦)에 관해 알지 못하는 것입니다.

259. 문 형성(行 : sankhārā)이란 무엇입니까?

답 신체적, 정신적, 언어적으로 형성되고 있는 경향이나 성향을 의미합니다.

260. 문 의식(識 : viññāṇa)이란 무엇입니까?

답 형성에 의해 반성적으로 조건 지워지는 표층적이거나 잠재적인 의식입니다.

261. 문 명색(名色 : nāmarūpa)이란 무엇입니까?

답 의식에 의해 조건 지워지는 정신물리적인 현상을 말합니다.

262. 문 감역(感域, 六入 : saḷāyatana)이란 무엇입니까?

답 정신물리적인 현상에 조건 지워지는 감각영역으로 시각영역, 청각영역, 후각영역, 미각영역, 촉각영역, 의식영역을 말합니다.

263. 문 접촉(觸 : phassa)이란 무엇입니까?

답 시각영역 등의 활동에 조건 지워지는 우리의 경험을 의미합니다.

264. 문 감수(受 : vedanā)란 무엇입니까?

답 우리의 경험에 조건 지워지는 즐겁거나 괴로운 느낌을 말합니다.

265. 문 갈애(渴愛 : taṇhā)란 무엇입니까?

답 쾌나 불쾌의 느낌에 의해 조건 지워지는 쾌락의 추구를 말합니다. 쾌락은 영원히 살고 싶은 욕망과 잠재적으로 연결되어 있으므로 쾌락의 추구는 살려고 하는 근원적인 욕망의 원동력이며, 윤회의 직접적인 원인이 되는 것입니다.

266. 문 취착(取著 : upādāna)이란 무엇입니까?

답 살려는 욕망에 의해 조건 지워지는 것으로 감각적 쾌락의 대상이나 견해를 자아관념 즉 나의 소유, 나의 존재, 나의 자아로 파악하여 그것들과 결합시키는 것을 말합니다.

267. 문 존재(有 : bhava)란 무엇입니까?

답 우리의 취착에 의해서 조건 지워지는 존재의 상태를 의미합니다. 여기에는 크게 욕망에 지배되는 욕계의 존재, 욕망은 벗어났지만 형상에 지배되는 색계의 존재, 형상마저 벗어버린 순수하게 정신적인 무색계의 존재가 있습니다. 이러한 존재의 세계는 육도윤회하는데 상세한 것에 관해서는 이 책의 부록을 보십시오.

268. 문 태어남(生 : jāti)이란 무엇입니까?

답 존재의 유형을 조건으로 태어남이 결정됩니다. 이 태어남에는 출생, 강생, 전생의 세 가지가 있습니다. 출생(出生 : jāti)은 붓다고싸(Buddhaghosa)[29]의 주석서에 의하면

---

[29] 위대한 삼장의 주석가로 기원후 5세기 경에 살았던 스님이다. 부다가야 근처에서 바라문의 신분으로 태어났으며 베다와 모든 학문에 정통했다. 어느날 그는 레바따라는 스님을 만나 논쟁을 했으나 패했다. 그 후 승단에

불완전한 것을 포함하는 포괄적인 태어남을 뜻하고 출생 가운데 탄생(誕生 : sañjāti)은 완전한 태어남을 뜻한다. 그리고 강생(降生 : okkanti)은 알에서 태어나거나(卵生) 태에 들어가서 태어나는 것(胎生)을 의미하고 전생(轉生 : abhinibbatti)은 습기에서 태어나는 습생(濕生)이나 신과 같이 초자연적인 방법으로 태어나는 화생(化生)을 뜻합니다.

269. 문 늙고 죽음(老死 : jarāmaraṇa)이란 무엇입니까?

답 태어남에 의해서 조건 지워진 늙고 죽음을 말합니다. 태어난 자는 반드시 늙고 죽는 것입니다. 뭇삶이 늙고, 노쇠하고 쇠약해지고 백발이 되고 주름살이지고 목숨이 줄어들고 감각기관들이 노화하는 것을 늙음이라고 부릅니다. 뭇삶이 죽고 멸망하고 파괴되고 사멸하고 목숨을 다하고 존재의 다발들이 파괴되고 유해를 버리는 것을 죽음이라고 부릅니다. 이렇게 해서 죽은 후에 윤회하면서 십이연기는 수레바퀴처럼 굴러가게 됩니다.

270. 문 위의 열 두 가지의 연기고리를 해석하는 방식이 관점에 따라 다를 수 있지 않습니까?

답 그렇습니다 잘 지적 해주셨습니다.

---

들어가 스승 레바따 스님과 함께 살며 삼장의 주석을 쓰기 시작했다. 주석서를 쓰는 작업을 완성하기위해 스승의 권유로 스리랑카로 가서 싱할리 주석서를 공부한 뒤에 청정도론(淸淨道論)을 저술하고 나머지 주석서를 완성한 뒤에 다시 인도로 돌아왔다.

271. 문 부처님께서 말한 십이연기를 보는 학자들의 관점에는 몇 가지 있습니까?

답 네 가지 관점이 있습니다. 그리고 각각의 관점에 따라 연기의 명칭이 달리 주어져 있습니다. 거기에는 찰나연기, 연박연기, 원속연기, 분위연기가 있습니다.

272. 문 찰나연기란 무엇입니까?

답 찰나연기(刹那緣起 : sk. kṣaṇikapratītyasamutpāda)란 변화의 과정에 대한 형이상학적인 찰나를 고려하지 않는다면, 동시적 연기라고 볼 수 있습니다. 구사론(俱舍論)에서는 이와 같이 설명하고 있습니다. "어떤 사람이 탐욕으로 살생을 저지를 때에 12가지의 연기지분이 한 순간에 이루어지는 것처럼, 그 순간의 Ⓐ 어리석음이 무명이고, Ⓑ 의도는 형성이고, Ⓒ 대상의 분별식은 의식이며, Ⓓ 분별식과 공존하는 네가지요소(色, 受, 想, 行)는 명색이며, Ⓔ 명색과 관련된 감각영역이 감역(六入)이며, Ⓕ 감역의 활동이 접촉이고, Ⓖ 접촉의 체험이 감수이며, Ⓗ 탐욕이 갈애이며, Ⓘ 갈애와 연관된 계박이 취착이며, Ⓙ 취착과 더불어 생겨난 신체 언어적 행위가 존재이며, Ⓚ 이러한 모든 다르마의 출현이 곧 태어남이고 Ⓛ 그들의 성숙이 곧 늙음이고, 그들의 파멸이 곧 죽음이다."라고 말입니다. 이 찰나연기는 생물이건 무생물이건 모든 것에 적용됩니다.

273. 문 연박연기란 무엇입니까?

답 연박연기(連縛緣起 : sk. sāmbandhikapratītyasamutpāda)란 십이연기의 각 고리가 각각의 찰나에 순서적으로 연속해서 조건적으로 계기하는 것을 말합니다. 이것은 인과 연쇄에서 원인이 결과를 구속하며 원인이 결과에 존재론적으로 앞서는 연기를 말합니다. 이 연박연기도 생물이건 무생물이건 간에 모두에 적용됩니다.

274. 문 원속연기란 무엇입니까?

답 원속연기(遠續緣起 : sk. prākarṣikapratītyasamutpāda)란 먼 과거의 무명이나 형성에 의해서 금생의 의식 등을 초래하고 금생의 존재를 조건으로 먼 미래의 생 등이 결정되는 관계를 말합니다. 이 원속연기는 생물에만 적용됩니다.

275. 문 분위연기란 무엇입니까?

답 분위연기(分位緣起 : sk. āvasthikapratītyasamutpāda)란 인접한 전생, 현생, 내생에 열 두 가지 연기고리들을 분할배치하여 전생에서 현생에로 현생에서 내생에로의 윤회를 설명한 삼세양중인과(三世兩重因果)에 따른 연기관계를 말합니다. 이 분위연기도 생물에만 적용됩니다.

276. 문 위대한 주석가인 붓다고싸(Buddhaghosa)는 위의 십이연기에 대하여 어떻게 말했습니까?

답 망망대해를 헤엄치는 사람처럼 그 심오한 연기의 바다에 관해 사유한다는 것은 어렵다고 했습니다.

277. 문 그런데 왜 부처님께서는 대반열반경에서 "스승의 손안에 감추어진 것은 없다" 라고 했습니까? 만약에 그의 가르침이 모든 사람에게 이해 가능한 것이라면 붓다고싸(Buddhaghosa)처럼 위대한 학자가 왜 이해하기 어렵다고 했습니까?

답 부처님께서는 분명히 그 모든 것을 공개적으로 가르치셨지만 그의 가르침을 본바탕으로부터 실제 이해한다는 것은 이해력이 완전한 지혜로운 자에 의해서나 가능한 것입니다. 그러므로 깨닫지 못한 일반인이 이해하기가 쉽지 않습니다.

278. 문 부처님께서는 그러한 이해의 어려움을 어떠한 관점에서 고려하고 있습니까?

답 부처님께서는 각 개인의 마음을 꿰뚫어 보고 듣는 자의 정신적 단계와 개인적 성향에 맞게 법을 설했습니다.

# 제 3 장

# 승 가

279. 문 불교의 수행승들은 다른 종교의 사제들과 어떻게 다릅니까?

답 다른 종교에서 사제들은 인간과 신 사이에서 중개자 역할을 하며, 인간과 신 사이에서 인간이 신으로부터 죄를 용서받는 것을 도와줍니다. 불교 수행자들은 신적인 힘에 대해 인정하거나 기대를 하지 않습니다.

280. 문 부처님께서는 다른 종교와는 달리 모든 사람들과 분리된 승가라는 교단을 만든 이유가 무엇입니까?

답 가장 덕 있고 지적이고 무아적이며 영적인 사람들을 감각적이고 이기적인 욕망의 사회로부터 벗어나게 하고 그들의 삶을 최상의 지혜로 이끄는데 있습니다. 또한 일반 사람들을 비참한 길로 이끄는 감각적 쾌락의 삶에서 벗어나게 하고 진정한 행복과 궁극적인 해탈로 이끄는 수행의 길로 안내하기 위한 것입니다.

281. 문 여덟 가지의 계행30) 이외에 수행승들에게 추가되는 계행이 있습니까?

답 아홉 번째, 춤추거나 노래를 하거나 격에 맞지 않는 유희를 보지 않겠습니다. 열 번째, 금이나 은 등을 받아 지니지 않겠습니다. 위의 두 가지 계율에 팔계(八戒)를 포함하여 수행승의 열 가지 계행이 됩니다. 팔계는 사미승이나 평신도에게 적용됩니다. 팔계는 팔제계(八齊戒)란 이름으로 불교의 포살일(布薩日 : 매월 8일과 14, 15일)에 설해 지는데 특히 하늘나라에 태어나는 것보다 높은 단계인 열반을 열망하는 사람에게 설해집니다.

282. 문 교단의 질서와 계행을 위한 규칙인 계율은 얼마나 많이 있습니까?

답 많습니다. 비구 250계와 비구니 348계가 있습니다. 그러나 그 모든 계율은 네 종류의 계행에서 유래합니다. 첫째, 기본적인 수호계행, 둘째, 감각적인 수호계행, 셋째, 생필품에 대한 계행, 네번째, 청정행에 대한 계행입니다.

283. 문 수행승들이 행하지 말아야 할 죄악이나 범죄를 열거한다면 어떤 것이 있습니까?

---

30) 문답 163참조

답 뭇삶의 목숨을 파괴하는 것, 주지 않는 것을 빼앗는 것, 다른 사람을 속이는 사술의 사용, 성적인 교접, 거짓말, 술을 마시는 것, 때아닌 때에 먹는 것. 춤추고 노래하고 격에 맞지 않는 유희를 보는 것, 화환과 향이나 향료를 사용하는 것, 높고 넓은 침대를 사용하는 것. 황금·은·곡식이나 고기·부인·처녀·노예·가축·코끼리 등을 선물 받는 것, 비방하는 것, 거친 요설을 하는 것, 어리석은 대화, 흥미 있는 이야기를 듣거나 흥미있는 읽을 것을 읽는 것, 신도의 말을 다른 신도에게 옮기는 것, 물건을 사고 파는 것, 농담하고 속이고 뇌물을 주고받는 것, 다른 사람을 감옥에 가두거나 약탈하고 위협하는 것, 사주나 점성술이나 손금이나 기타의 사술과 관계 있는 모든 것에 종사하는 것은 수행승에게 죄악이 되는데 그 이유는 그들이 열반이라는 최상의 목표를 얻는 데 장애가 되기 때문입니다.

284. 문 수행승으로서 재가신도에 대한 의무를 좀더 상세히 말한다면 어떤 것입니까?

답 일반적으로 도덕적인 모범을 보여줄 뿐만 아니라 그들에게 부처님의 가르침을 설하고 병들거나 재난을 당한 사람에게는 그들의 요청이 있을 때에 수호게송을 독송해주며 위로해서 모든 신도를 유덕한 행동으로 이끌어 스스로 악을 단념하게 하고 또한 자애롭고 친절하게 모든 사람의 복지를 추구하게 하는 것입니다.

285. 문 승단에 가입하는 조건은 무엇입니까?

답 우리나라를 비롯한 북방불교에서는 스무 살 이전에는 출가가 허락되지 않으나 부모의 허락이 있으면 가능하며 난치병이나 불치병이 있으면 안되며 빚이 없어야 하며 범죄를 저질렀거나 불구여서는 안됩니다. 그런데 조금 차이가 있습니다만 남방불교에서는 열 살 이전에는 출가가 허락되지 않으나 부모의 허락이 있으면 가능하며 열 살 이후에는 자유로우며 나병·종기·폐결핵·간질이 있으면 안되며, 빚이 없어야 하며, 범죄를 저질렀거나 불구이거나 공무에 종사하는 자이면 안됩니다.

286. 문 초심자는 무엇이라고 불립니까?

답 사미승이라고 불리는데 남자는 사미(沙彌) 여자는 사미니(沙彌尼)라고 불립니다.

287. 문 사미승은 언제 사문인 비구승이 됩니까?

답 우리나라에서는 사미 또는 사미니계를 받고 4년제 강원을 졸업하거나 그에 준하는 기초선원의 과정을 마쳐야 합니다. 남방불교에서는 어릴 때 출가해서 스무 살이 되면 비구계를 받고 비구승이 됩니다.

288. 문 출가하려면 어떻게 해야 합니까?

답 현재 우리나라에서는 사찰에 가서 스님께 출가의사를 밝히고 행자로서 5개월 이상 교육을 받아야합니다. 남방불교에서는 출가하려는 사람이 있으면 스님들이 모인 승가에서 한 수행승을 제안자로 해서 모임을 갖습니다. 그 수행승은 출가할 자가 자격이 있음을 선언하고 후보자는 이와 같이 말해야 합니다. "저는 승단의 훌륭한 스님들께 구족계를 요청합니다."라고 말입니다. 그리고 스님들이 출가를 허락하면 승단에 입단하게 됩니다.

289. 문 그 다음에는 어떻게 합니까?

답 우리나라에서는 1년에 두 번 개최하는 기초교육원에 입교하여 삼귀의와 오계를 받은 후에 21일간의 습의(習儀)와 교육을 이수한 뒤에 행자생활을 마치고 승복을 입게 됩니다. 그런데 남방불교에서는 출가가 허락되면 즉시 승복을 입고 삼귀의와 십계를 반복하고 스님이 됩니다.

290. 문 스님으로 지켜야 할 두 가지의 본질적인 것은 무엇입니까?

답 청빈과 자비입니다. 초기불교에서는 수행자의 개인적인 소유물로 세벌 옷과 바루와 좌구(坐具)와 물을 걸러먹는 녹수낭(漉水囊)만 지녔습니다. 그후 지역과 문화에 따라 수행자의 사유물은 변화해 왔습니다. 북방불교에서는 녹수낭은 필수적인 것이 아니므로 소유할 필요가 없습니다. 남방불교에서는 수행자는 입단하기 전에 여덟 가지의 자구(資具)를 소유물로 지닙니다. 승복, 허리띠, 바루, 물그릇, 면도기, 바늘, 부채, 신발이 그것들입니다. 그리고 계율이 허락하는 한도에서 특별히 다른 것도 지닐 수 있습니다.

291. 문 잘못을 대중 앞에서 고하는 것은 무엇입니까?

답 보름마다 포살의 날에 바라제목차 = 빠띠모까(別解脫: pāṭimokkha = 짊을 벗어버림 → 의무계율의 항목이 모여 잘못을 고백하여 참회하거나 처벌을 받습니다.

292. 문 어떠한 일상적인 규칙을 지켜야 합니까?

답 우리나라에서는 새벽3시에 일어나 예불을 드린 뒤에 경전을 독송하고 선방에서 참선을 하고 아침공양을 듭니다. 그리고 낮에는 사시불공 저녁에는 저녁예불을 드리며 밤 9시에 취침할 때가지 대중과 더불어 법도와 위의를 지키며 살아야 합니다. 남방불교에서는 날이 밝기 전에 일어나서 몸을 씻고 절을 청소하고 보리수 주위를 깨끗이 하고 먹을 물을 길어 청정하게 걸러야 합니다. 그리고 명상에 들었다가 탑묘(塔墓)나 보리수에 꽃을 공양하며, 그 다음에 바루를 들고 이 집에서 저 집으로 탁발하러 갑니다. 탁발할 때에 음식을 요구해서는 안되며 자발적으로 주는 음식을 받아가지고 옵니다. 돌아와서 발을 씻고 음식을 든 뒤에 명상에 다시 듭니다. 낮에는 공부를 하고 저녁 무렵 그는 성소를 청소하고 등불을 밝히고 스승의 가르침을 듣고 자기가 저지른 죄를 고백합니다.

293. 문 예불에는 어떠한 공덕이 있습니까?

답 행위 자체를 형식적으로 한다면 공덕이 없습니다. 그러나 거룩한 부처님에 대하여 가장 향기롭고 청정한 깊은 마음에서 우러나오는 존경의 표시로 예불을 드린다면 공덕이 많은 것입니다. 부처님의 가르침을 마음에 새기게 되어 지혜와 자비를 실천하게 되고 마침내 모든 번뇌에서 해탈하는 공덕이 있게 됩니다.

294. 문 수행승이 최상의 진리를 지각하는 것은 이성입니까 직관입니까?

답 수행자의 직관입니다. 어떤 원해진 진리가 즉각적으로 파악되는 정신적인 상태입니다.

295. 문 그러한 발전단계는 언제 도달됩니까?

답 명상의 단계 가운데 네 번째의 선정에서 이루어집니다.

296. 문 명상의 네 가지의 단계에 관해 좀더 상세히 말해주십시오

답 이미 문답 132에서 팔정도의 항목 가운데 올바른 집중 내지 삼매에 관해서 소개하면서 설명했습니다.

297. 문 선정의 마지막 단계인 삼매라는 조건 속에서 마음은 백지화되고 사고는 억제됩니까?

답 정반대입니다. 의식은 가장 활동적이고 일치하는 지식을 얻을 수 있는 힘이 가장 강력해집니다.

298. 문 예를 들자면 어떻습니까?

답 일반적으로 깨어 있는 상태에서 지식의 관점은 높은 언덕 사이의 길을 걷는 것처럼 제약되지만 선정이나 삼매의 보다 높은 정신적인 단계에서는 하늘 위에 떠 있는 독수리의 눈으로 모든 것을 관찰할 수 있는 것과 같습니다.

299. 문 부처님께서 비유적으로 독수리의 눈으로 모든 것을 관찰할 수 있다고 말씀하셨는데 그러한 능력을 사용하는 것에 대해 경전에서는 어떻게 표현하고 있습니까?

답 부처님께서는 매일 아침 하늘눈(天眼)으로 세상을 바라보면서 어디에 가르침을 받아들일 만한 사람이 있는가를 봅니다. 그리고 어떻게 가르침을 전할 수 있는가를 궁리합니다.

# 제4장

# 불교의 흥기와 전파

300. 문 불교신도들은 다른 종교에 비해 현재 얼마나 많습니까?

답 불교신도들이 다른 모든 종교도보다 많습니다. 최근 통계는 이슬람교도가 많아지려고 하지만 중공에 종교의 자유가 완전히 주어진다면 불교도가 가장 많을 것입니다.

301. 문 불교를 전파하는데 얼마나 많은 나라들이 전쟁을 치르고 정복당하고 피를 흘렸습니까?

답 역사상 불교를 전파하는 데는 단 한번도 전쟁을 치르거나 범죄를 저지른 적이 없다. 우리가 아는 한 단 한 방울의 피도 흘리지 않았습니다.

302. 문 그러한 놀라운 포교의 비밀은 어디에 있습니까?

## 불교의 흥기와 전파

답 불교라는 종교의 내적인 탁월성 이외에는 아무 것도 없습니다. 가르침의 자명성, 정교한 도덕적인 가르침, 모든 인류와 생명을 배려하는 자비의 정신 등에서 비롯된 것입니다.

303. 문 불교는 어떻게 전파되게 되었습니까?

답 부처님께서는 모든 사람의 스승으로서 45년 동안 인도를 광범위하게 여행하면서 가르침을 설하셨고 현명하고 탁월한 제자들을 인도전역에 파견하였습니다.

304. 문 언제 전법사를 파견했습니까?

답 10월 보름날이었습니다.

305. 문 무엇이라고 말씀하시면서 보냈습니까?

답 "수행승들이여, 가서 이 세상에 법을 전하라. 자기 자신과 마찬가지로 남을 대하라. 모든 사람에게 기쁜 소식을 전하되 두 사람이 함께 길을 가지 마라."라고 말씀하셨습니다.

306. 문 이 때가 기원전으로 몇 년입니까?

답 기원전 6세기경입니다.

307. 문 왕들은 불교의 전파를 도왔습니까?

답 물론입니다. 왕들도 부처님의 가르침에 감화되어 그분의 가르침을 펴는데 큰 영향을 미쳤습니다.

308. 문 역사적으로 볼 때에 순례자들이 부처님의 성지에 와서 불교를 배웠습니까?

답 역사적으로는 서로 다른 시기에 살았지만 부처님의 가르침을 배운 많은 순례자들이 인도에 와서 경전을 배운 뒤에 돌아가 가르침을 펴서 점차 모든 나라에 불교가 전파되게 되었습니다.

309. 문 불교가 확고한 기반을 마련하는데 크게 도움을 준 사람들 가운데 어떤 사람보다도 공로가 많은 사람은 누구입니까?

답 아쇼카 대왕입니다. 그는 때때로 다르마쇼카(sk. Dharmaśoka) 또는 삐야다씨(sk. Piyadāsi)라고 불렸습니다. 그는 마가다 국의 대왕 빈두싸라(sk. Bindusāra)의 아들이었고 그리이스 인을 인도에서 몰아낸 찬드라굽타(sk. Chandragupta) 대왕의 손자였습니다.

310. 문 그는 언제 인도를 다스렸습니까?

답 대략 기원전 3세기니까 부처님보다 3세기 뒤의 일입니다. 역사가들 사이에 연도에 관한 이견이 있습니다만 그렇게 크지는 않습니다.

311. 문 무엇이 그분을 위대한 왕으로 만들었습니까?

답 그분은 전사로서 인도역사에서 가장 강력한 왕국을 건설했습니다. 아울러 그분의 고귀한 정신은 진리나 정의에 대한 사랑, 모든 종교에 대한 박애, 통치에서의 평등, 환자

가난한 자들에 대한 구호, 다른 살아 있는 생명에 대한 보호 등으로 이루어졌습니다.

312. 문 그분은 불교도로서 태어났습니까?

답 아닙니다. 그분은 왕으로 관정을 받은 지 10년이 되던 해에 아라한인 니그로다 싸마네라(Nigrodha Sāmaṇera)에 의하여 불교도가 되었습니다.

313. 문 그분은 불교를 위해 어떤 일을 했습니까?

답 악한 수행승들의 옷을 벗기고 선한 수행승들을 고무시켰습니다. 승원을 짓고 공원을 만들었으며, 사람뿐만 아니라 동물들을 위해 병원을 지었습니다. 부처님의 가르침을 다시 정립하기 위해 경전을 결집했으며, 여성에 대한 종교교육을 증진시키고, 다섯 명의 그리이스 왕 동료들에게도 전법사를 보냈으며, 인도의 모든 지배자에게도 전법사를 보내 부처님의 가르침을 전파했습니다. 또한 수많은 비석을 전 인도에 세웠습니다. 지금 불교도의 순례장소인 카필라바스투, 부다가야, 이시빠따나, 쿠시나가라의 부처님의 사대성지에도 탑을 세웠습니다.

314. 문 그분의 고귀한 성품을 입증할 수 있는 확실한 증거가 있습니까?

답 최근에 인도 전역에 걸쳐 14개의 아쇼카 대왕의 석주가 발견되었습니다. 그 가운데 8개의 석주는 그의 명령에 따라 세워진 것입니다. 그것들은 모두 아쇼카 대왕이 여태껏 지상에 나타난 황제 가운데 가장 고귀하고 현명한 마음을 지닌 군주라는 사실을 입증합니다.

315. 문 아쇼카 대왕이 세운 석주들의 비문은 불교의 어떠한 특징을 보여줍니까?

답 그분의 석주들은 불교가 이기성이나 분파주의나 비관용(非寬容)의 오점이 없는 고귀한 인내의 종교, 보편적인 형제애로 가득한 종교, 정의의 종교인 것을 보여줍니다.

316. 문 아쇼카 대왕은 불교를 위해 어떤 값진 선물을 했습니까?

답 그분은 불교를 전파하기 위해서 왕자 마힌다(Mahinda)와 공주 쌍가밋타(Saṅghamittā)를 출가시켜 스리랑카로 불교를 전파하기 위해 파견을 했습니다.

317. 문 스리랑카의 역사에도 그 사실이 기록되어 있습니까?

답 그렇습니다. 스리랑카의 역사서인 마하방싸(Mahāvaṁsa)에 모두 기록되어 있습니다.

318. 문 아쇼카 대왕의 출가한 공주 쌍가밋타의 자취를 스리랑카에서 아직 볼 수 있습니까?

답 그렇습니다. 그녀는 부처님께서 깨달았을 때에 곁에 있던 보리수의 가지를 잘라 스리랑카에 옮겨와서 심었습니다. 그 보리수가 아직도 스리랑카에서 자라고 있습니다.

319. 문 스리랑카의 어디에 그 보리수가 있습니까?

답 아누라다뿌라(Anuradhapura)에 있습니다. 그 보리수의 역사는 오늘날까지 공적으로 보존되어 오고 있습니다. 기원전 306년에 심어진 것입니다. 세계에서 가장 긴 역사를 갖고 있는 나무입니다.

320. 문 쌍가밋타가 수행녀로 불교전파를 위해 스리랑카에 온 직접적인 동기는 무엇입니까?

답 당시 스리랑카의 지배자는 데바남삐야띳싸[31] (Devanampiyatissa)왕이었는데 그의 왕비였던 아눌라(Anula)가 쌍가밋따를 초빙해서 수행녀의 승단 즉 비구니 교단을 만들었습니다.

321. 문 쌍가밋타와 함께 온 사람들은 누구입니까?

답 다른 많은 비구니들이 왔습니다. 쌍가밋타는 왕비와 많은 부인들과 500명의 처녀들을 모두 교화시켜 출가하도록 했습니다.

322. 문 아쇼카 황제의 전법사들의 외국에서의 활동은 어떠했습니까?

답 아시다시피 왕자와 공주는 스리랑카에 불교를 전파했다는 사실은 이야기했습니다. 아쇼카 대왕이 파견한 대부

---

31) 스리랑카의 왕으로 기원전 250년에서 210에 재위했다.

분의 승려들은 북인도의 전지역에 걸쳐서 불법을 전하고 국경을 넘어 14개국에 불법을 전했습니다. 그리고 그들은 아쇼카 대왕의 동맹자인 5개국의 그리이스 왕에게도 불법을 전했습니다.

323. 문 당시의 그리이스 왕들의 이름은 무엇이었습니까?

답 시리아의 안티오쿠스(Antiochus), 에집트의 프톨레미(Ptolemy), 마케돈의 안티고누스(Antigonus), 키레레의 메르가스(Mergas), 에피도스의 알렉산더(Alexander)입니다.

324. 문 그러한 아쇼카 대왕의 전법활동에 관해서는 어디에 기록되어 있습니까?

답 바위나 돌기둥에 새겨져 있는 아쇼카 대왕의 비문에 있습니다. 그 비문들은 아직 잘 보존되어 있고 누구나 살펴 볼 수 있습니다.

325. 문 언제 불경이 처음으로 중국에 소개되었습니까?

답 기원전 2-3세기경까지 소급합니다. 아쇼카 대왕이 파견한 5명의 승려가 두 권의 빠알리 경전을 중국의 5지역에 보냈습니다. 선견율비바사(善見律毘婆沙 : Samantapāsādikā)[32]와 조어등주(調御燈註 : Sāratthadīpanī)[33]에 기록되어 있습니다.

---

32) 율장에 대한 붓다고싸의 주석서를 말한다.
33) 선견율비바사에 대한 싸리뿟따의 복주(復註)를 말한다.

## 불교의 흥기와 전파

326. 문 불교가 우리나라에 전파된 것은 언제 입니까?

답 중국으로부터 고구려 소수림왕 2년(기원후 372년)의 일입니다.

327. 문 일본에 불교가 전파된 것은 언제 입니까?

답 기원 후 552년 백제 성왕 때의 일입니다.

328. 문 언제 어느 때에 불교가 쵸친(Cochin), 중국(China) 포모사(Fomosa), 자바(Java), 몽고(Mogolia) 요르칸드(Yorkand), 발크(Balk), 부하라(Bokhara), 아프가니스탄(Afghanistan)과 다른 중앙아시아에 전해졌습니까?

답 4 ~ 5 세기경입니다.

329. 문 스리랑카에서는 언제 불교가 다른 나라에 전파되었습니까?

답 기원 후 450년 미얀마(Myanmar), 그리고 점차적으로 아라칸(Arakhan), 캄보자(Kamboja), 페구(Pegu)로 전파되었으며 7세기경에 태국(Thai)으로 전파되었습니다.

330. 문 카슈미르(Kashmir)에서는 불교가 어느 나라로 전파되었습니까?

답 티베트(Tibet)와 네팔(Nepal)입니다.

331. 문 왜 인도에서는 불교가 융성했다가 쇠퇴하게 되었습니까?

답 불교는 순수하고 고귀한 여래의 가르침이었습니다.

그 교단은 윤리적으로 매우 청정한 모임이어서 아침 햇살이 꽃에 생기를 불어넣듯이 즐겁게 온 나라로 퍼져 갔습니다. 그러나 몇 세기 뒤에 악한 승려들이 교단에 들어가 부유하고 게으르고 감각적 쾌락을 즐기면서 교법이 타락하게 되어 인도로부터 점차 버림받은 것입니다.

332. 문 9세기 10세기경에 인도에서 불교의 몰락을 촉진시킨 사건이 발생하지 않았습니까?

답 그렇습니다.

333. 문 불교교단의 정신적인 타락이외에 인간의 높은 이상보다는 반지성적인 우상숭배로서의 반동적인 회귀가 있었던 것이 아닙니까?

답 그렇습니다. 이슬람교가 침입해서 인도의 많은 지역을 정복했고 모든 곳에서 불교를 박멸시켰습니다.

334. 문 그들 이슬람교도들이 저지른 박해는 어떠했습니까?

답 그들은 사원을 불태우거나 부수고 수행승들을 학살하고 경전을 불태웠습니다.

335. 문 불교경전들이 인도에서 완전히 파괴되었습니까?

답 아닙니다. 많은 수행승들이 경전을 가지고 변경을 넘어 티베트와 다른 지역으로 망명을 했습니다.

336. 문 초기불교의 성전들이 가장 잘 보관되고 있는 국가는 어느 나라입니까?

답 스리랑카입니다. 브리태니카에 의하면 스리랑카에 현대 이르기까지 가장 초기의 순수한 불교가 보존되어 있다고 기록하고 있습니다.

337. 문 최근에 이루어진 삼장에 대한 교정작업에는 어떠한 것이 있습니까?

답 1881년에 영국에서 리스 데이비드(Rhys Davids)가 빠알리성전협회를 만들어서 빠알리성전을 교열하고 영역하면서 지금까지 세계적인 불교전파에 불멸의 공헌을 해 오고 있습니다. 그 후에 1955년 미얀마에서 제6회 불전결집이 이루어져 세계적으로 가장 교열이 잘된 초기불교의 성전인 미얀마 대장경을 출판해 오고 있습니다. 다소 늦은 감은 있으나 우리나라에서는 1997년 한국빠알리성전협회(Korea Pali Text Society)가 전재성 박사에 의해 만들어져 초기경전의 한글번역을 출판해오고 있습니다.

338. 문 북방과 남방의 불교국가들 사이에 불교에 대한 우호적인 대화가 있었습니까?

답 1891년 콜로넬 올코트(Colonel Olcott)가 입안한 불교의 기본적인 명제들이 하나하나 토론에 붙여지고 1892년 미얀마어, 스리랑카어, 일본어로 번역되어 대덕스님들의 검토를 거쳐 출판되기도 했습니다.

339. 문 그것이 좋은 결과를 가져왔습니까?

답 그러한 상호이해의 덕분으로 그 후 많은 일본 스님들이 스리랑카와 인도에서 빠알리어와 쌍쓰끄리뜨어를 공부하게 되었습니다. 우리나라에서 남방불교에 대한 관심은 일본보다 반세기 이상이나 뒤진 극히 최근의 일입니다.

340. 문 불교가 비불교도의 국가에서도 전파되고 있는 증거가 있습니까?

답 있습니다. 우리는 기독교 국가인 서양에서 불교에 대한 가치 있는 글들이 생겨나고, 기사들이 쓰여지고 잡지와 신문이 출판되고 더구나 많은 학자들의 탁월한 논문들이 발표되고 있습니다. 특히 빠알리성전협회(Pali Text Society)는 이미 1881년에 설립되어 빠알리성전을 지금까지 영역 출판해 오고 있습니다. 그리고 불교와 다른 종교간의 대화도 활발하게 이루어지고 있습니다.

341. 문 서구적인 사유에 강력한 영향력을 미치는 불교사상의 두 가지 특징은 무엇입니까?

답 업보와 윤회의 사상입니다.

342. 문 이러한 사상을 서양사람들이 믿는 이유는 무엇입니까?

답 정의(正義)와 분명한 합리성에 있습니다.

# 제5장

# 불교와 과학.

343. 問 불교는 과학적인 종교입니까 아니면 계시적인 종교입니까?

答 불교를 결코 계시적인 종교라고는 볼 수 없습니다. 불교는 결코 계시적으로 설해진 것도 아니고 그렇게 이해할 수 있는 종교도 아닙니다. 반대로 불교는 부처님께서 자신의 선구자들도 동일하게 가르친 영원한 진리 즉 과학적인 진리를 설파한 종교입니다.

344. 問 부처님께서 인간의 이성과 경험의 검증 없이 계시된 것을 믿지 말라고 하는 내용을 기술한 경전은 무엇입니까?

答 앙굿따라니까야(Aṅguttaranikāya)[34]의 깔라마경 (Kālāmasutta)입니다.

---

34) 빠알리성전 가운데 증지부(增支部) 경전으로 북전 팔만대장경에서 증일아함경에 해당한다.

345. 문 불교도들은 모든 것을 창조주가 무에서 만들어 냈다는 이론을 믿습니까?

답 부처님께서는 공간과 열반은 원인이 없다는 것을 가르칩니다. 모든 것은 공간에서 생겨 나와 운동의 법칙에 따라 거기에 종속되었다가 어느 정도의 기간이 지나면 사라집니다. 불교도는 무에서 창조되는 기적을 믿지 않습니다. 그래서 불교도는 창조를 믿지 않습니다. 유기체적인 모든 것은 무상하며 끊임없는 흐름의 상태에서 변화되고 개혁되는 것입니다.

346. 문 불교는 교육이나 학문과는 반대가 되는 것입니까?

답 전혀 그렇지 않습니다. 씨갈로바다경(Sigālovādasutta)[35] 에는 스승이 제자에게 가르쳐야 할 의무로 학문과 지식의 전수를 당부하고 있습니다. 부처님의 높은 가르침은 지혜롭고 신중한 깨달음을 얻는데 있습니다.

347. 문 부처님의 가르침을 수행을 통해 입증할 수가 있습니까?

답 인류에게 각기 다른 조상들이 있었습니다. 그 각기 다른 조상을 둔 인간들 사이에는 많은 능력의 차이점이 있

---

[35] 디가니까야(長部 : Dīghanikāya)에 소속된 경전이다. 씨갈라는 라자그리하의 젊은 장자로서 아침 일찍 일어나 머리를 감고 목욕을 한 뒤에 천지사방을 절하는 습관이 있었다. 부처님께서 그의 육방례(六方禮)를 도덕적인 덕목으로 바꾸어주었다. 이경은 육방예경이라고도 한다.

다는 것을 가르치고 있습니다. 어떤 사람은 지혜가 있어 열반에 빨리 도달하고 어떤 사람은 늦게 도달합니다.

348. 문 불교는 과학과 윤리를 통합하고 있습니까?

답 적절하게 말하자면, 불교는 순수한 도덕철학인 윤리체계입니다. 그런데 사물의 궁극적인 측면에 관해서도 설명하므로 과학의 항해도라고 말할 수도 있습니다. 다만 불교는 실천적인 가르침을 통해 수행자에게 자명해지는 가르침을 설하므로 사물의 근원과 같은 형이상학적인 질문의 그릇됨에 당면해서는 침묵을 지켰던 것입니다.

349. 문 왜 부처님께서는 사물의 근원과 같은 형이상학적인 질문에 대답하길 거부했습니까?

답 왜냐하면 우리의 주된 목표는 우리 주변의 사물을 있는 그대로 보아 보다 나은 상태로 발전시켜 우리의 목표를 성취하는데 있다고 보았기 때문입니다. 뿐만 아니라 부처님께서는 우리가 애초부터 질문 자체가 잘못된 형이상학적인 의문을 해결하기 위해 지적인 사유에 골몰해서 시간을 낭비하는 것은 옳지 않다고 가르쳤기 때문입니다.

350. 문 나쁜 부모에게서 착하고 현명한 자식이 태어나고 좋은 부모에게서 악한 자식이 태어나는 경우가 있는데 불교도들은 거기에 대하여 어떻게 생각합니까?

답 그것은 모두 자식과 부모의 각자의 업보 때문입니다. 그러한 정상적이 아닌 관계가 현생에서 이루어져야 할 이유가 있는 것입니다.

351. 문 부처님의 몸에서 밝은 빛을 방출하는 경우가 있습니까?

답 그렇습니다. 대반열반경에 보면, 부처님께서 열반에 드실 때에 재가신도가 황금의 가사를 부처님께 선물했습니다. 그렇지만 부처님의 몸에서 나는 광채 때문에 그 가사가 빛을 잃었다는 것이 기록되어 있습니다.

352. 문 부처님의 몸에서 발하는 밝은 빛을 무엇이라고 부릅니까?

답 빠알리어로 붓다라쓰미(Buddharasmi)라고 부릅니다. 우리말로 하자면 불광(佛光)이 되겠습니다.

353. 문 얼마나 많은 색의 빛을 방출했습니까?

답 여섯 가지의 색깔(六色光明)이 쌍을 이루어 방출되었습니다.

354. 문 방출된 빛은 어떠한 색깔이었습니까?

답 청색광(nīla), 황색광(piṭa), 적색광(lohita), 백색광(avadaṭa), 주황색광(mañjiṣṭha), 청정광(pabhassara)입니다.

355. 문 다른 사람들도 그러한 빛을 낼 수 있습니까?

답 그렇습니다. 깨달은 거룩한 분은 누구나 마찬가지

로 빛을 낼 수 있습니다. 그러나 정신력의 강도에 따라 강하거나 약한 빛을 내게 됩니다.

356. 문 어디서 그러한 색깔을 볼 수 있습니까?

답 부처님의 이미지를 그린 모든 탱화에서 볼 수 있습니다. 스리랑카에서 만들어지고 전세계에 퍼진 불교기에서도 볼 수 있습니다.

357. 문 부처님께서는 어떤 경전에서 이러한 빛에 관해 언급하셨습니까?

답 대반열반경에 의하면 총애하는 제자인 아난다가 부처님 몸에서 나오는 위대한 광채에 대하여 너무 놀라자 부처님께서는 두 가지 경우를 들어 자신의 몸에서 빛을 낸다고 설명했습니다. 첫째는 부처님이 위없이 바르고 원만한 깨달음을 얻었을 때이고 둘째는 마지막으로 육신을 거두고 완전한 열반에 들려 할 때에 몸에서 위대한 광채를 발한다고 했습니다.

358. 문 다른 부처님의 몸에서도 그 위대한 빛이 방출했던 것을 경전은 기록하고 있습니까?

답 물론입니다. 부처님의 전생담에 등장하는 연등불(蓮燈佛 : Dīpaṅkāra)께서도 위대한 광채를 방출했습니다.

359. 문 오늘날 우리는 몸에서 나오는 광채를 무엇이라고 부릅니까?

답 인간의 오로라라고 부릅니다.

360. 문 정밀한 실험을 통해 이 오로라의 존재를 입증할 수 있습니까?

답 이미 1844년 바론 폰 라이헨바하(Baron von Reichenbach)는 인간의 오로라에 대한 연구결과를 발표했으며, 불란서 파리의 바로 박사는 그 빛을 사진으로 촬영한 이래 오늘날까지 수많은 연구결과와 사진들이 나와 있습니다.

361. 문 그 오로라는 기적입니까 아니면 자연적인 것입니까?

답 자연스러운 것입니다. 그 오로라는 인간뿐만 아니라 동식물과 돌등의 무생물에까지 나타납니다.

362. 문 부처님이나 아라한에게서 특징적인 오로라 현상은 무엇입니까?

답 다른 존재나 대상들보다도 그분들의 오로라는 대단히 밝고 널리 퍼져 나가는 특성을 지녔습니다. 그것은 탁월한 그들의 수행의 결과입니다. 부처님의 사리에서도 그러한 오로라를 볼 수 있습니다.

363. 문 불교나 힌두교 이외에 다른 종교들도 그러한 오로라 형상을 믿습니까?

답 물론입니다. 기독교의 예술가들의 그림 속에서 우리는 성스러운 인물의 몸에서 방출되는 후광을 볼 수 있습

## 불교와 과학

니다. 다른 여타의 종교에서도 그러한 현상은 발견됩니다.

364. 문 불교가 현대적인 초심리학의 이론을 역사적으로 뒷받침할 수 있습니까?

답 법구경 주석서에 언급되어 있듯이 쭐라빤타까(Cūḷ-apanthaka)36)의 이야기가 그것을 입증합니다.

365. 문 사실을 말해 주십시오.

답 쭐라빤타까가 아라한이 된 날 부처님께서는 그를 부르러 보냈습니다. 전령이 승원에 도착하자 300여명의 수행승들이 사원에 모여 있는 것을 보았습니다. 누가 쭐라빤따까인가를 묻자 300여명이 동시에 '내가 쭐라빤따까이다'라고 대답했습니다.

366. 문 그래서 그 전령은 어떻게 했습니까?

답 머리가 혼란 되어 돌아와서 부처님께 보고했습니다.

367. 문 부처님께서는 그 이야기를 듣고 어떤 조치를 내렸습니까?

답 다시 승원에 돌아가서 동일한 사태가 또 발생하면 '내가 쭐라빤따까이다' 라고 말하는 첫 번째 녀석의 팔을 잡

---

36) 부처님 당시의 제자로서 부처님께서 가르치신 단 한줄의 시도 외우지 못했던 가장 어리석은 비구였다. 부처님은 그에게 깨끗한 천을 주면서 동쪽으로 앉아 '티끌의 제거(rajoharaṇaṃ)'이라고 외우면서 얼굴을 닦으라고 말씀하셨다. 그는 가르침대로 실천해서 마침내 욕망의 더러움을 깨닫고 세상의 무상함을 깨달아 아라한이 되었으며 뛰어난 신통력을 지니게 되었다.

아서 자신에게 데려 오라고 말씀했습니다. 부처님께서는 새로운 아라한이 된 사람이 자신의 환상적인 힘을 전령에게 나타내 보인 것을 알았습니다.

368. 문 불교에서는 그 환상적인 힘을 무엇이라고 부릅니까?

　　답 마음이 만들어 낸 부사의력(不思議力)이라고 합니다.

369. 문 그것은 아라한이 만들어 낸 개인적인 육체의 환상적 복제입니까? 아니면 물질을 구성해서 만든 것으로 전령이 직접 만질 수 있는 것입니까?

　　답 둘 다 아닙니다. 그것들은 생각에 의해 인상 지워지는 그림들이며 의지의 힘으로 전령의 마음속에 각인된 것일 뿐입니다.

370. 문 그것을 무엇에 비유할 수 있습니까?

　　답 거울에 비친 형상과 같습니다. 그 형상에는 실제 사물과 같은 실체는 없습니다.

371. 문 전령의 마음에 환영을 심기 위해서 무엇이 필요했습니까?

　　답 쭐라빤타까는 마음속에 정확한 형상을 그려서 각인시키고 그것을 다시 복제해서 전령의 예민한 두뇌에 투사시켰던 것입니다.

372. 문 그 과정을 무엇이라고 부를 수 있습니까?

　　답 최면적인 암시입니다.

373. 문 제3자가 그 환상적인 형상을 볼 수 있습니까?

답 그것은 아라한의 의지력에 달려 있는 것입니다.

374. 문 좀더 상세히 설명해 주십시오.

답 한 사람이 아니라 50명에게 환상적인 힘을 보여준다고 할 때에 아라한은 그들 모두에게도 그것을 보여 줄 수 있습니다. 그렇지 않으면 자신이 원하는 특수한 사람에게만 보여줄 수도 있습니다.

375. 문 그러한 원리는 오늘날 실로 과학적으로 잘 알려진 것입니까?

답 물론입니다. 모든 최면학이나 심령과학에서 잘 알려진 것입니다.

376. 문 불교의 업설은 현대과학과 얼마나 잘 조화되는 것입니까?

답 현대과학은 인간의 모든 세대가 집단적이나 개인적이나 전 세대의 선이나 악의 결과를 상속받고 있다는 것을 입증하고 있습니다. 불교에 따르면 우리 모두가 전생에서부터 상속되진 원인들의 결과로 태어나서 새로운 사회물리적인 환경조건속에서 살아가는 것입니다. 현대과학을 포함한 이 모든 이론은 불교의 업설에 포함되는 것입니다.

377. 문 인과응보는 불경에서 어떻게 설해집니까?

답 바셋타경(Vāseṭṭhasutta)[37]에서는 "세계는 인연에 의해 존재하며, 모든 것은 원인에서 생겨나며, 모든 존재는 조건에 묶인다."라고 설하고 있습니다.

378. 문 불교는 땅이나 해나 달이나 별 등 또는 광물질, 채소, 동식물, 인간 등의 눈에 보이는 모든 우주의 불변성을 가르칩니까?

답 아닙니다. 그 모든 것은 지속적으로 변화하는 것으로 시간이 지나면 언젠가 소멸하는 것이라는 것을 가르칩니다.

379. 문 소멸하면 다시는 나타나지 않습니까?

답 아닙니다. 업력의 힘에 따라 그것이 개인적이든 집단적이든 다른 우주에서 그 내용을 달리하여 나타나게 됩니다.

380. 문 불교는 일반적으로 기적이라는 현상을 인정합니까?

답 인정합니다. 불교에서는 신통이라고 합니다. 그러나 그것은 초자연적으로 보일 뿐 초자연적인 것이 아니고 자연적인 것입니다. 그것은 특정한 정신적인 수행의 결과로서 주어진 것일 뿐입니다.

381. 문 얼마나 많은 신통의 종류가 있습니까?

답 우선 두 가지로 분류할 수 있습니다. 첫 번째는 세간적이고 외부적인 신통(Bāhira-iddhi)입니다. 고행적인 수행이나 약물의 힘으로 또는 주력의 수행이나 기타의 외부적

---

37) 숫타니파타의 대품에 등장하는 경의 이름이다. 밧쎄타는 젊은 바라문의 이름이다.

인 힘으로 순간적으로 작용하는 기적입니다. 둘째는 출세간 적이고 내부적인 지속적인 신통(Sasanika-iddhi)입니다. 이것은 정신적인 수행의 단계가 높아져서 모든 현상을 극복할 수 있는 기적입니다. 불교에서 명상의 최고 단계에서 발휘되는 신통은 이 두 번째의 내부적인 신통입니다.

382. 문 출세간적인 내부적인 신통에는 어떠한 종류가 있습니까?

답 신족통, 천이통, 타심통, 숙명통, 천안통, 누진통이 있습니다.

383. 문 신족통이란 무엇입니까?

답 부처님 스스로가 신족통(神足通 : iddhi)에 관해 쌍윳따니까야에서 "수행승들이여, 나는 내가 원하는 대로 여러 가지의 정신적 능력을 즐긴다. 나는 하나에서 여럿이 되며 여럿에서 하나가 된다. 나는 나타나기도 하고, 사라지기도 하고, 자유로운 공간처럼 장애 없이 담을 통과하고, 성벽을 통과하고, 산을 통과해서 간다. 나는 물 속에서처럼 땅속을 드나든다. 나는 땅위에서처럼 물에서도 빠지지 않고 걷는다. 나는 날개 달린 새처럼 공중에서 앉은 채 움직인다. 나는 손으로 이처럼 큰 위력을 지니고 이처럼 큰 능력을 지닌 달과 해를 만지고 쓰다듬는다. 나는 범천의 세계에 이르기까지 육신으로 영향력을 미친다."라고 말씀하셨습니다.

384. 문 천이통이란 무엇입니까?

답 부처님 스스로가 천이통(天耳通 : dibbasota)에 관해 쌍윳따니까야에서 "수행승들이여, 나는 내가 원하는 대로 청정한 인간을 초월한 하늘귀로 멀고 가까운 신들과 인간의 두 소리를 듣는다"라고 말씀하셨습니다.

385. 문 타심통이란 무엇입니까?

답 부처님 스스로가 타심통(他心通 : parassa cetopariyañāṇa)에 관해 쌍윳따니까야에서 "수행승들이여, 나는 내가 원하는 대로 나 자신의 마음을 미루어 다른 뭇 삶, 다른 사람의 마음을 안다. 나는 탐욕으로 가득한 마음을 탐욕으로 가득한 마음으로 알며 탐욕에서 벗어난 마음을 탐욕에서 벗어난 마음이라고 안다. 나는 성냄으로 가득한 마음을 진에로 가득한 마음이라고 알며 성냄에서 벗어난 마음을 성냄에서 벗어난 마음이 라고 안다. 나는 어리석음으로 가득한 마음을 어리석음으로 가득한 마음이라고 알며 어리석음에서 벗어난 마음을 어리석음에서 벗어난 마음이라고 안다. 나는 통일된 마음을 통일된 마음이라고 알며 흩어진 마음을 흩어진 마음이라고 안다. 나는 최상의 마음을 최상의 마음이라고 알며, 최상이 아닌 마음을 최상이 아닌 마음이라고 안다. 나는 삼매에 든 마음을 삼매에 든 마음이라고 알며, 삼매에 들지 못한 마음을 삼매에 들지 못한 마음이라고 안다. 나는 해탈한 마음을 해탈한 마음이라고 알며, 해탈하지 못한 마음을 해탈하지 못한 마음이라고 안다."고 말씀하셨습니다.

386. 문 숙명통이란 무엇입니까?

답 부처님 스스로가 숙명통(宿命通 : pubbenivasānussati)에 관해 쌍윳따니까야에서 "수행승들이여, 나는 내가 원하는 데로 전생의 여러 가지 삶의 형태를 기억한다. 예를 들어, '한 번 태어나고 두 번 태어나고 세 번 태어나고 네 번 태어나고 다섯 번 태어나고 열 번 태어나고 스무 번 태어나고 서른 번 태어나고 마흔 번 태어나고 쉰 번 태어나고 백 번 태어나고 천 번 태어나고 십만 번 태어나고 수많은 파괴의 겁을 지나고 수많은 생성의 겁을 지나면서 수많은 세계파괴와 세계생성의 우주기를 지나면서 나는 당시에 이러한 이름과 이러한 성을 지니고 이러한 용모를 지니고 이러한 음식을 먹고 이러한 괴로움과 즐거움을 맛보고, 이러한 목숨을 지녔고, 나는 그곳에서 죽었다. 그곳에서 죽은 뒤에 나는 여기에서 태어났다.' 라는 것처럼, 이와 같이 나는 나의 전생의 여러 가지 삶의 형태를 구체적으로 상세히 기억한다."라고 말씀하셨습니다.

387. 문 천안통이란 무엇입니까?

답 부처님 스스로가 천안통(天眼通: dibbacakkhu)에 관해 쌍윳따니까야에서 "수행승들이여, 나는 내가 원하는 대로 청정한 인간을 뛰어넘는 하늘눈으로 뭇삶을 본다. 죽거나 다시 태어나거나 천하거나 귀하거나 아름답거나 추하거나 행복하거나 불행하거나 업보에 따라서 등장하는 뭇삶을 본다. 어떤 뭇삶들은 몸으로 악행을 저지르고, 입으로 악행을 저지르고 마음으로 악행을 저지른다. 그들은 고귀한 분들을 비난하고 잘못한 견해를 지니고 잘못된 견해에 따라 행동한다. 그래서 그들은 몸이 파괴되고 죽은 뒤에 고처(苦處), 타처(墮處), 지옥(地獄)에 태어난다. 그러나 다른 뭇삶들은 몸으로 선행을 하고, 입으로 선행을 하고 마음으로 선행을 한다. 그들은 고귀한 분들을 비난하지 않고 올바른 견해를 지니고 올바른 견해에 따라 행동한다. 그래서 그들은 육체가 파괴되고 죽은 뒤에 선처, 하늘나라에 태어난다. 이와 같이 나는 청정한 인간을 뛰어넘는 하늘눈으로 뭇삶을 관찰한다.”라고 말씀하셨습니다.

388. 문 누진통이란 무엇입니까?

답 부처님 스스로가 누진통(漏盡通 : āsavakkhaya-abhiññā)에 관해 쌍윳따니까야에서 “수행승들이여, 나는 번뇌가 부수어져 소멸한 마음의 해탈(心解脫), 지혜의 해탈(慧解脫)을 현세에서 스스로 증지(證知)하고 깨달아 거기에 도달했다.”라고 말씀하셨습니다. 누진통은 이와 같은 누진지(漏盡智) ― “생은 다하고, 청정함은 이루어졌으며, 해야할 일은 이미 해 마쳤고, 다시는 이 세상에 태어나지 않는다.” ― 에 의해 획득됩니다. 그것은 곧 궁극적인 해탈지견으로 열반에 대한 깨달음을 의미하는 것입니다.

389. 문 이미 획득된 신통력도 잃어버릴 수 있습니까?

답 세속적이고 외부적으로 획득된 신통력은 잃어버릴 수 있습니다. 그러나 출세간적이고 내부적으로 획득된 신통력은 한번 얻으면 잃어버리지 않습니다. 특히 출세간적이고 궁극적인 신통력인 누진통은 아라한에게만 고유한 것으로 팔정도의 궁극에 이르러 도달되는 것이기 때문에 결코 사라지는 것이 아닙니다.

390. 문 부처님께서는 출세간적인 신통력을 얻었습니까?

답 그렇습니다. 완전한 출세간적인 신통력을 얻었습니다.

391. 문 부처님의 제자들도 역시 신통력을 갖고 있었습니까?

답 그렇습니다. 모두 갖고 있었던 것은 아니지만 많은 제자가 신통력을 갖고 있었고 개인에 따라 달랐습니다.

392. 문 예를 든다면 제자들은 어떤 신통력을 갖고 있었습니까?

답 목건련은 신족통에서 가장 탁월한 능력을 갖고 있었습니다. 그렇지만 부처님의 총애하는 제자 아난다는 부처님의 법문을 모두 기억하는 비상한 기억력을 갖고 있었으나 신통력은 갖지 않았습니다.

393. 문 사람들은 그 신통력을 점차적으로 얻게 됩니까 갑자기 얻게 됩니까?

답 일반적으로 점차적으로 자신을 훈련함으로서 얻게 되는 것입니다. 그것은 수 없는 윤회를 하며 수많은 우주기를 거쳐 자신을 수련하고 계발해서 얻는 것입니다.

394. 문 불교는 죽은 사람을 부활시키는 능력을 갖고 있습니까?

답 완전히 죽은 사람을 부활시킬 수는 없습니다. 죽은 자를 부활시키는 대신 부처님께서는 끼싸 고따미(Kisā Gotamī)38)에게 한 겨자씨의 비유를 통해 '태어난 자는 반드시 죽는다(生者必滅)'는 진리를 일깨웠습니다. 그러나 사람들이 죽은 것 같지만 실제로 죽지 않았을 경우에 의식을 다시 회복시키는 것은 가능합니다.

395. 문 신통력을 얻는데 네 가지의 수단은 무엇입니까?

답 올바른 정진, 올바른 집중, 옳은 것에 대한 판단, 그리고 그른 것에 대한 판단입니다.

396. 문 경전에는 아라한들이 수많은 신통을 만들어 내는데 부처님께서는 그러한 능력을 권장했습니까?

답 아닙니다. 그분은 그러한 신통의 원칙을 알지 못하

---

38) 그녀는 싸밧티시의 가난한 가문 출신으로 너무 몸이 가냘파서 끼싸라고 불리웠다. 부유한 집안에 시집을 가서 모진 시집살이를 했지만 아들을 낳자 시집식구들의 귀여움을 독차지했다. 그러나 불행히도 아들이 뛰어다닐만하자 죽었다. 그녀는 슬픔에 복받친 나머지 죽은 아이를 없고 약을 구해 살려보려고 미쳐 돌아 다녔다. 부처님께서는 그녀를 가엾게 여겨 '사람이 죽지 않은 집에서 겨자씨를 얻어오면 아이를 살려주겠노라'고 약속하셨다. 그녀는 집집마다 돌아다녔으나 사람이 죽지 않은 집이 없었다. 마침내 무상함을 깨달은 그녀는 출가하여 비구니가 되었고 얼마되지 않아 최상의 깨달음을 얻어 아라한이 되었다.

는 사람들이 현혹되는 것을 원하지 않았습니다. 그러므로 제자들이 신통력을 다른 사람들에게 내 보이는 것을 권장하지 않았습니다. 그것은 사람들에게 나태한 호기심만 일으켜 그들을 공허하게 만드는 결과를 초래하게 되기 때문입니다. 더구나 이교도들이나 마술사들도 그러한 신통력을 사술로 이용할 수 있기 때문에 매우 위험한 것이 될 수 있습니다. 부처님께서는 스님들이 초자연적으로 보이는 힘을 자랑하여 잘못 사용하는 것은 용서할 수 없는 죄악 가운데 하나로 보았습니다.

397. 문 부처님께서 싯다르타 태자였을 때나 또는 부처님을 이루신 후에 그분의 앞에 하늘사람들이 다양한 모습으로 나타났는데 인간과 비교할 때에 보이지 않는 그러한 신적 존재를 불교도들은 믿습니까?

답 불교도들은 세계 속에 살고 있는 그러한 존재들을 믿습니다. 우리는 내부적인 정신적인 수련을 통해서 하늘사람들을 볼 수 있을 뿐만 아니라 한걸음 나아가 아라한이 되면 하늘사람보다 정신적으로 발전하여 그 하늘사람들을 다룰 수 있게 됩니다.

398. 문 불교에 의하면 얼마나 많은 종류의 하늘사람들이 있습니까?

답 세 가지 종류의 하늘사람들이 있습니다. 욕망에 지배되는 욕계의 하늘사람(欲界天)과 욕망에서는 벗어났으나 자신의 형상을 지닌 색계의 하늘사람(色界天)들과 물질적인 형상은 벗어났으나 추상적인 정신계에 속하는 무색계의 하늘사람(無色界天)들이 있습니다.

399. 문 그들 하늘사람들이나 신들은 두려운 존재입니까?

답 마음이 자비롭고 청정하고 용기있는 자는 인간이건 신이건 아무 것도 두려워하지 않습니다. 그렇지만 마음이 자비롭고 청정하지 못한 자는 하늘사람이나 신들이 두려운 존재입니다.

# 제6장

# 불교와 철학

400. 문 서양철학에서 궁극적인 것이었던 존재란 불교적 관점에서 보면 무엇이라고 할 수 있습니까?

답 아리스토텔레스 이후 서양철학에서 궁극적인 질문은 '존재란 무엇인가?' 였습니다. 불교적 관점에서 볼 때에 존재란 명색(名色 : nāmarūpa) 이외에 아무 것도 아닙니다. 명은 정신적인 것으로 논리적인 범주구조이고 색은 물질적인 것입니다. 그러나 그것들은 별개의 것이 아니고 존재의 주관적이고 객관적인 측면일 따름입니다.

401. 문 그렇다면 현존재인 인간은 어떠한 존재입니까?

답 그것은 존재의 다발인 오온(五蘊 : pañcakkhandha)의 상호작용으로 형성되는 개체적인 존재를 가르칩니다. 오온은 물질(色), 감수(受), 지각(想), 형성(行), 의식(識)을 말합니다. 우리 현존재는 바로 이 다섯 가지의 존재요소의 상호작용으로 이루어집니다.

402. 문 불교에는 이러한 존재나 현존재를 초월하는 보다 궁극적이고 근원적인 것이 있습니까?

답 존재인 명색이나 현존재인 오온을 초월하는 보다 궁극적인 것, 모든 집착에서 벗어난 세계로서의 무아적인 상태인 열반이 있습니다.

403. 문 보다 근원적인 존재는 물질적인 것입니까 아니면 정신적인 것입니까?

답 신은 정신이며 그것은 모든 것을 만들었다는 기독교적인 사유와 이데아에서 모든 것이 나왔다는 희랍철학의 사유가 일치해서 서양의 관념주의를 형성했습니다. 반대로 자연과학이나 과학적 사회주의는 정신이 물질의 부차적인 현상이라고 주장하는 유물주의를 형성했습니다. 그러나 그 모든 것은 엄밀한 의미에서 입증되지 않은 인간의 사유구조에 의해 형성된 것일 뿐입니다. 그 모든 것에서 영원한 본질은 발견되지 않으며 일체는 무상하기 때문에 그 질문은 어리석은 것입니다.

404. 문 불교에서 볼 때에 철학이 인간의 사유구조에서 형성된 것이라면 마땅히 비판받을 소지가 있겠지요?

답 그러한 의미에서 중세 스토아 학파의 철학인 기독교 철학이나 칸트적 관념철학이나 이데올로기적인 물질주의인 공산주의나 실제적인 물질주의인 자본주의도 엄밀한 진리라고는 볼 수 없습니다. 관념철학은 영원주의(常見)를 반영하고 물질주의는 허무주의(斷見)를 반영합니다. 특히 어떠한 물질주의이든지 물질주의는 죽음과 함께 모든 것이 끝난다는 물질적 도그마에 기인하는 것입니다. 심지어 키에르케고르, 하이데거, 야스퍼스, 사르트르로 이어지는 실존주의마저 '감각적으로 물질에 집착하는 현존재의 존재에 대한 물음'으로서 물질적 도그마에 기인하는 철학이라고 볼 수 있습니다.

405. 문 불교의 무아윤회(無我輪廻)는 어떻게 서양철학적으로 설명할 수 있습니까?

답 불교의 윤회설은 철학적 인간학의 전혀 새로운 입장에 있습니다. 부모는 인간을 물질적인 측면에서 잉태시킬뿐 한 존재가 다른 존재로 전생하면서 잉태의 순간에 업력이 최초의 의식을 형성합니다. 이 불가시적인 전생의 업력이 영적인 현상을 가져오게 되는데 그 이후의 삶은 현존재를 구성하는 사회 물리적인 현상입니다.

406. 문 불교의 철학적 특수성은 어디에 있습니까?

답 비트겐슈타인이 이야기하듯 '불교는 사실만을 이야기한다.' 라는 단순히 실증적인 철학체계가 아닐뿐만 아니라 또한 관념적인 사유구조의 체계도 아닙니다. 불교는 현존재의 체험영역 속에서 밝혀지는 단순하고 이해가능하고 명증적인 가르침입니다. 부처님의 가르침은 초월적인 광명의 높이에나 밀교적인 비밀의 깊이 속에 있는 것이 아닙니다.

407. 문 불교의 무상설과 헤라크레이토스의 만물유전설은 어떻게 다릅니까?

답 헤라크레이토스는 '같은 강물에 두 번 다시 발을 담글 수 없다'라고 주장하여 끊임없이 변화하는 찰나멸의 만물유전을 주장했으나 실제로 그 주장을 밀고 나아가면 '같은 강물에 한 번도 발을 담글 수 없다'는 주장이 맞게 되어 사물은 존재 할 수 없게 됩니다. 거기에 비해 불교의 무상설은 영원한 실체가 없으나 모든 사물은 상호의존적으로 연기되어 형성, 유지, 파괴되는 조건주의적인 특성을 갖는 것입니다.

408. 문 불교의 깨달음은 철학적으로 어떠한 특성을 지니고 있습니까?

답 불교의 깨달음이 서구의 철학적 이데올로기와 원천적으로 다른 것은 사실의 통찰을 넘어서는 삶 속에서의 실천을 세계근원 및 초월로 삼는데 있습니다. 깨달음은 인간의 삶의 연관 속에서 얻을 수 있는 최고의 힘이자 명증성입니다.

# 제7장

# 불교와 윤리

409. 문 불교는 수수한 윤리체계라고도 하는데 불교적인 윤리란 어떤 특성을 지녔다고 할 수 있습니까?

답 불교는 유대, 기독교, 이슬람의 타율적인 윤리체계와는 달리 자율적인 윤리체계입니다. 불교에는 계율의 항목들이 많이 있지만 불교윤리의 기본적인 입장은 인간 자신의 명증적인 인식 — 악은 스스로를 파괴할 뿐만 아니라 다른 존재를 해치는 것이다 — 에 있는 것입니다.

410. 문 불교도들의 수행에서 윤리는 어떠한 역할을 합니까?

답 윤리란 불교도들에게 생로병사를 해결하는 관문이며 그 목적은 현존재의 속박에서 벗어나는 것입니다.

411. 문 불교에서 윤리에 해당하는 부분은 무엇입니까?

답 좁게는 계행(戒 : sila)을 말하지만 부처님께서는 율법주의자가 아니였습니다. 오직 계율을 제자들에게 권고했을 뿐이지 명령한 적은 없습니다. 불교의 계율은 우리 누구나가 체험할 수 있는 상호의존하는 세계에 대한 올바른 통찰에 입각해 있습니다. 그래서 넓게 본다면 팔정도가 불교의 윤리체계라고 볼 수 있습니다.

412. 問 자율적 윤리체계 속에서 불교윤리의 특징은 어떠한 것입니까?

答 불교도를 구속할 수 있거나 저주할 수 있는 신이나 존재는 없습니다. 오로지 인간 스스로가 그의 무지를 알고 고쳐 나아가야 합니다. 그렇기 때문에 중요한 것은 올바른 인식이나 통찰과 연관된 인간의 올바른 행위입니다. 그것이 곧 해탈로 향하는 자유의 실천이며 불교윤리의 실천입니다.

413. 問 자율적인 윤리체계가 어떻게 불교윤리의 중요한 형식인 비폭력을 수반할 수 있습니까?

答 불교는 인간을 맹목적인 복종의 사유에서 해방시켰습니다. 불교윤리의 힘은 행위하는 인간의 이성적인 통찰에서 나옵니다. 전쟁과 살생은 불교도의 관점에서 보면 너무도 깊은 무지의 소산입니다. 부처님께서는 쑷타니파타(經集 : Suttanipāta)에서 "모든 살아 있는 것은 고통을 싫어한다. 그들에게도 삶은 사랑스러운 것이다. 그들 속에서 너 자신을 인식하라. 괴롭히지도 죽이지도 말라."라고 말씀하셨습니다. 여기에 불교의 바른 인식을 토대로 하는 무한계의 비폭력과 자비의 사상을 엿볼 수 있습니다.

414. 문 불교윤리의 황금률이 있다면 어떤 것입니까?

답 그것은 사랑(慈 : metta)입니다. 쑤담마(Sudhamma) 스님은 '누군가 마음에 사랑이 있는 자는 법칙과 계율이 필요가 없다. 그는 모든 존재 심지어 무생물까지도 사랑합니다. 그에게는 어떠한 도덕적인 덕목을 처방하는 것도 불가능합니다. 사랑의 한 쪽은 같이 괴로워하는 것이고 다른 한 쪽은 같이 즐거워하는 것입니다. 그럼으로써 사랑은 더욱 깊고 넓어집니다.' 라고 말했습니다.

# 제8장

# 불교와 종교

415. 문 불교와 타종교와의 결정적인 차이는 무엇입니까?

답 부처님께서는 자설경(自說經 : Udāna)에서 "삶의 긍정을 통해 존재의 해탈에 이른다고 가르치는 모든 무당과 사제는 현존재로부터 해탈할 수 없다고 나는 말한다. 그리고 또한 자아박멸을 통해 현존재로부터 벗어나는 것을 가르치는 무당과 사제도 존재의 속박에서 벗어날 수 없다고 나는 말한다." 라고 말했습니다. 여기서 불교의 중도적 성격과 '나는 명령한다'가 아닌 '나는 말한다' 라는 무도그마성이 다른 종교와 다른 가장 커다란 특성입니다.

416. 문 불교가 믿음을 강조하는 것은 다른 종교와 커다란 차이가 없지 않습니까?

답 부처님께서는 앙굿따라니까야(Aṅguttaranikāya)에서 "너희들은 나를 믿거나 내가 그것을 말했다고 해서 나를 따르지 말고 너희들이 그것을 통찰했을 때 한해서 나를 따르라."라고 말씀하셨습니다. 이러한 태도야말로 믿음과 믿음의 복종에 기반을 둔 기독교나 여타의 종교의 종교성과 확연히 금을 긋는 불교의 특성입니다. 얼마나 많은 사람이 집착과 거짓을 자신의 무의식 속에 믿음이라는 이름으로 원형적으로 투사하고 있는지 알 수가 없습니다.

417. 문 불교의 진정한 위대성은 어디에 있습니까?

답 부처님께서는 한번도 믿음이나 복종을 요구한 적이 없으며 "너 자신이 스스로의 빛이 되라."고 했습니다. 불교의 위대성은 믿음에 바탕을 둔 상부구조 — 초월적 가치·신의 개념·영혼설·인간의 형이상학적 충동 — 를 몰아 내어 버린 데 있습니다. 불교도는 자신의 이성과 인식을 믿음의 체계 속에 매몰시켜서는 안됩니다.

418. 문 불교에서 신은 어떠한 위치에 있습니까?

답 신이라고 하는 것은 인간의 고뇌와 죽음을 해결하기 위한 수단으로 또는 알 수 없는 세계근원을 파악하기 위한 수단으로 인간의 마음이 만들어낸 것에 불과합니다. 신의 개념이 불교에 있으나 세계를 창조하고 종말을 고하는 절대적인 신은 있을 수 없습니다. 세계의 모든 일은 단지 상호의존적으로 생겨나고 유지되고 파괴되는 것입니다. 부처님께서는 도그마적인 신의 위치에 있는 것이 아니라 그 길을 안내하는 안내자일 따름입니다.

419. 문 불교와 불교가 아닌 종교의 역사적인 차이점은 무엇입니까?

답 불교는 자아를 부정하는 무아를 주장하는 반면에 다른 종교는 자아의 부정을 요청하고 있다는 사실입니다. 불교에는 나라는 도그마성이 없는 반면에 다른 종교는 자아 부정의 끊임없는 요청이 뒤따릅니다. 따라서 불교는 창시자와 분리되어 무시간적으로 새롭게 해석될 수 있지만 다른 종교는 창시자인 개인의 인격과 분리될 수가 없습니다.

# 제9장

# 재가생활과 불교

420. 문 불교는 결혼에 관해 어떻게 가르칩니까?

답 절대적 순결은 충분한 정신적 발전을 위해 필요한 조건입니다. 그러나 한 여인과 결혼해서 그녀에 대하여 신의를 저버리지 않는 것은 순결로 인정됩니다. 아내가 아닌 다른 여인과 관계를 맺는 것은 어리석음과 탐욕을 증진시키는 것으로 비난받아야 마땅한 것입니다.

421. 문 어느 경전에 그러한 순결에 관해 쓰여있습니까?

답 앙굿따라니까야(Aṅguttaranikāya)에 쓰여있습니다.

422. 문 어린아이를 양육하는 부모의 의무는 무엇입니까?

답 부모는 아이에게 악을 멀리하게 하고 선을 증진하도록 시켜야 합니다. 학예를 가르치고 성장했을 때에는 적절한 배필을 찾아 결혼시키고 적당한 유산을 물려주어야 합니다.

423. 문 자식의 의무는 무엇입니까?

답 늙거나 필요할 때에 부모를 부양해야하며, 가족으로 부과된 의무를 다해야하고 재산을 보호하고 돌아가신 분에 대해서는 추모해야 합니다.

424. 문 학생에 대한 스승의 도리는 무엇입니까?

답 좋은 교수법으로 가르치고 잘 연구된 것을 공부하게 하며, 모든 학예를 잘 설명하며, 친구지간에 칭찬하게 하며 모든 방향에서 제자들을 수호해야 합니다.

425. 문 스승에 대한 학생의 도리는 무엇입니까?

답 스승에 대하여 근면하고 봉사하고 공경하고 시중들고 존경하며 학예를 열심히 배워야 합니다.

426. 문 아내에 대한 남편의 도리는 무엇입니까?

답 존경하고 예의를 갖추고 사음을 행하지 말며 자존심을 상하게 하지 말며 장식품을 공급해야 합니다.

427. 문 남편에 대한 아내의 도리는 무엇입니까?

답 남편을 사랑하고 집안을 잘 보살피고 손님에게 잘 접대하고 정숙하고 재산을 보호하고 모든 가사에 능숙하게 부지런히 해야 합니다.

428. 문 친구에 대한 친구의 도리는 어떠합니까?

답 베풀어주고 친절한 말을 하고 이로운 일을 하고 고락을 같이하고 진실을 보여 주어야 합니다.

429. 문 동료에 대한 동료의 도리는 무엇입니까?

답 나태를 경계하고 나태할 때 재산을 수호해주며 두려울 때에 보호하고 곤궁할 때에 돌봐주고 다른 친하지 않은 사람도 존중해야 합니다.

430. 문 피고용인에 대한 사용자의 도리는 무엇입니까?

답 피고용인의 능력에 맞게 일을 주고 능력에 맞는 급여를 주고 몸에 병이 생겼을 때 치료해주고 이 따끔 상여금을 지급해 주고 때때로 휴가를 주어야 한다.

431. 문 사용자에 대한 피고용인의 도리는 무엇입니까?

답 부지런해야하며, 나누어진 급료에 만족하고 맡은 책임을 완수하고 명예와 칭찬을 사용인에게 돌려주어야 합니다.

432. 문 성직자에 대한 신도의 도리는 무엇입니까?

답 친절하게 행동하고 친절하게 말하고 친절하게 마음을 쓰고 마음의 문을 열고 공양을 올려야 합니다.

433. 문 신도에 대한 성직자의 도리는 무엇입니까?

답 죄악을 멀리하고 선을 행하게 하고 착한 마음으로 동정하고 아직 배우지 못한 것을 가르치고 이미 배운 것을 정화시키며 하늘나라로 가는 길을 가르쳐야 합니다.

434. 문 이러한 가르침은 어디에 있습니까?

답 씨갈로바다경(Sīgālovādasutta)에 있습니다.

435. 문 보시는 크게 몇 가지로 구분됩니까?

답 보시에는 재시(財施)와 법시(法施)의 두 가지가 있습니다. 재시는 빠알리어로 아미싸다나(āmisadāna)라고 하며 재물을 보시하는 것을 말하고 법시(法施)는 빠알리어로 담마다나(dhammadāna)라고 하는데 부처님의 가르침을 설하는 것을 말합니다.

436. 문 가르침인 법을 들으면 어떠한 이익이 있습니까?

답 법을 청함으로서 다섯 가지의 이익이 있다. 첫째는 아직 듣지 않은 것을 듣는 이익이 있습니다. 둘째는 이미 들은 것을 분명히 하는 이익이 있습니다. 셋째는 미혹함이나 의심이 사라지는 이익이 있습니다. 넷째는 의견을 올바로 하는 이익이 있습니다. 다섯째는 마음의 오염을 청정하게 하는 이익이 있습니다.

437. 문 부처님이나 스님들 또는 대중에게 공양을 올릴 때에는 어떠한 생각을 하는 것이 좋습니까?

답 "한량없는 복덕이 있고 한량없는 선업이 있고, 한량없는 지혜가 있고 대자비심이 있는 부처님에게 저는 이 공양을 바칩니다. 이 공덕으로 생로병사의 괴로움이 없는 안온한 열반에 도달하기를 기원합니다. 저는 이 공양의 공덕을 부모를 비롯해서 모든 생명에게 회향합니다. 아무쪼록 기쁘게 받아주옵소서." 라고 생각하는 것이 좋습니다.

438. 문 부처님이나 스님들이나 대중에게 음식물을 공양하는 까닭은 무엇입니까?

답 음식물을 공양함으로써 이와 같은 다섯 가지의 이익이 있습니다. 첫째는 수명이 늘어납니다. 둘째는 안색이 아름다워집니다. 셋째는 안락하게 살게 됩니다. 넷째는 신체가 강건하게 됩니다. 다섯째는 사리를 분별하고 올바로 판단하는 이지적 능력이 계발됩니다.

439. 문 부처님이나 스님들이나 대중에게 물을 공양하는 까닭은 무엇입니까?

답 물을 보시함으로서 열 가지의 이익이 있습니다. 첫째는 수명이 늘어납니다. 둘째는 안색이 아름다워집니다. 셋째는 안락하게 살게 됩니다. 넷째는 신체가 강건하게 됩니다. 다섯째는 사리를 분별하고 올바로 판단하는 이지적 능력이 계발됩니다. 여섯째는 온몸이 청결하게 됩니다. 일곱째는 명예롭게 됩니다. 여덟째는 따르는 무리가 많아집니다. 아홉째는 목에 갈증이 없어집니다. 열째는 동작이 민첩하게 됩니다.

440. 문 부처님이나 스님들 또는 대중에게 꽃을 공양하는 까닭은 무엇입니까?

답 한편으로는 깊은 존경의 마음을 내어 꽃처럼 맑고 향기롭게 되기 위한 것이고 다른 한편으로는 이 꽃이 마침내 시드는 것처럼 이 몸도 소멸되고 마는 것을 마음에 새겨 무상을 깨닫고 모든 번뇌에서 해탈하기 위한 것입니다.

441. 문 부처님이나 스님들 또는 대중에게 등불이나 향을 공양하는 까닭은 무엇입니까?

답 등불이나 향을 공양을 하면 여덟 가지의 이익이 있습니다. 첫째는 가정이 안전하게 번영합니다. 둘째는 귀한 가문이 됩니다. 셋째는 준수한 재능이 있는 슬기로운 자가 됩니다. 넷째는 신체에 부자유가 없어집니다. 다섯째는 자세가 아름다워집니다. 여섯째는 위신력이 생겨납니다. 일곱째는 두려움이 없어집니다. 여덟째는 삶을 무사히 지냅니다.

442. 문 사원이나 집 안팎을 잘 청소하는 이유는 무엇입니까?

답 청소를 잘하면 다섯 가지의 효과가 있습니다. 첫째는 자기의 마음을 청소합니다. 둘째는 타인의 마음을 청소합니다. 셋째는 하늘사람들을 즐겁게 합니다. 넷째는 청정의 공덕을 쌓습니다. 다섯째는 사후에 하늘나라에 태어납니다.

443. 문 몸으로 짓는 악행과 선행의 기준은 무엇입니까?

답 생명을 죽이거나 주지 않는 것을 빼앗거나 사랑을 나눔에 잘못을 범하거나 사음의 신업(身業)을 짓지 않으면 선행이고 신업을 지으면 악행입니다.

444. 문 입으로 짓는 악행과 선행의 기준은 무엇입니까?

답 어리석은 거짓말을 하거나 이간질을 하거나 욕지거

리를 하거나 진실 없이 꾸며대거나 하는 구업(口業)을 짓지 않으면 선행이고 구업을 지으면 악행입니다.

445. 문 마음으로 짓는 악행과 선행의 기준은 무엇입니까?

답 과도한 욕심을 부리거나 화를 내거나 저주하거나 인과의 도리를 믿지 않는 의업(意業)을 짓지 않는 것이 선행이고 그러한 의업을 지으면 악행입니다.

446. 문 술 등의 취기 있는 것에 취하는 것에 관하여 경전은 어떻게 말합니까?

답 마찬가지로 담미까경에서 알코올에 취하는 것과 다른 사람을 취하게 하는 것과 다른 사람이 취하는 행동을 정당화하지 말라고 경고하고 있습니다.

447. 문 술이나 마약에 빠지도록 이끌어 가는 것은 무엇입니까?

답 부덕함, 죄악, 정신이상, 무지 등이 원인입니다.

448. 문 인간사회를 수호하는 두 가지의 법은 무엇입니까?

답 인간세계에서 품행이 사악하게 되는 것을 방지하기 위한 두 가지 수호의 법이 있습니다. 첫째는 부끄러워함(斬 : hiri)입니다. 부끄러워함이란 악한 일을 하는 것을 내심으로 치욕스럽게 생각하는 것입니다. 즉 자기의 혈통, 연령, 능력, 부, 명성, 학력 등을 고려해서 "나와 같은 자는 살생 등을 해서는 안 된다"라고 생각해서 악한 일을 하지 않는 것입니다. 두번째는 창피스러움(愧 : ottappa)입니다. 악한 일을 하는 것을 외부적으로 두려워하는 것입니다. 예를 들어 '내가 악한 일을 하면 세상사람들이 나를 비난할 것이다.'라고 생각하여 두려워하여 악한 일을 하지 않는 것입니다. 이 두 가지 법이 인간 사회를 수호하는 법입니다. 그 법이 없다면 사회에서 인간의 규범은 사라집니다. 예를 들어 부끄러워함이나 창피스러워함이 없다면 부모, 형제, 자매, 사촌 등의 사이에 본래 있을 수 없는 근친상간이나 난잡한 남녀관계가 발생할 수 있습니다. 따라서 부끄러움이나 창피스러워함은 인간 사회의 규범을 수호하는 본질적인 것입니다. 특히 청정한 대자연에 쓰레기나 폐수를 버리는 것에 관해서 부끄러워하거나 창피스러워했다면 오늘날 같은 환경문제는 발생하지 않았을 것입니다.

# 제10장

# 환경철학과 불교

449. 問 불교는 자연의 생존권 문제에 관해 어떻게 가르칩니까?

答 서양의 인간중심주의는 인간의 생존이 다른 생물이나 자연물의 생존에 우선한다는 사상을 토대로 하고 있습니다. 전통적으로 유대기독교적 사유는 신을 중요시함에도 불구하고 놀라울 정도로 인간중심주의적입니다. 창세기 9장3절에 "살아 있는 모든 짐승이 너희의 양식이 되리라. 내가 전에 풀과 곡식을 양식으로 주었듯이 이제 모든 것을 너희에게 주리라"고 주장합니다. 근대과학은 이러한 신학적 유산인 인간중심주의하에서 베이컨으로 하여금 자연에 대한 인간의 과학적 지식의 지배권을 정당화하게 했습니다. 그러나 그가 맹종한 근대과학적인 자연은 기계론적인 것이었습니다. 그는 이러한 기계론적인 법칙을 발견하기 위해 인간이 수행하는 모든 과학적 행위는 양심의 가책이나 거리낌이 있을 수 없으며, 모든 세계는 인간을 위해 존재하므로 인간

이 이용할 수 없고 열매를 얻을 수 없는 어떠한 것도 존재할 수 없기 때문에, 자연은 그들 자신이 아닌 인간을 위해 존재하고 있다고 주장했습니다. 이러한 사상은 기본적으로 유대기독교적인 신에 의한 인간의 자연지배사상의 교묘한 변형으로서, 과학자가 대신 신의 지위에 올라 자연에 대한 인간의 착취를 정당화한 것입니다. 그러나 부처님은 숫타니파타에서 "어머니가 하나뿐인 아들을 목숨을 걸고 보호하듯이, 일체의 존재에 대하여 무량한 자비심을 일으켜야 한다."39)라고 가르치고 있습니다. 이러한 사상은 인간중심주의를 해체시키고 자연의 생존권을 주장하는 생태주의적 환경론과 일치합니다. 불교는 인간만이 아닌 모든 생물과 생태계의 생존권리를 주장합니다.

450. 문 날로 증가되는 환경오염으로 일어나는 미래세대의 생존가능성의 파괴는 인류역사상의 어떤 끔찍한 대량학살보다 더 악랄한 것입니다. 불교는 미래세대의 생존가능성에 대한 세대간의 윤리문제를 어떻게 보고 있습니까?

답 세습적 사회의 통시적 책임감을 부정하고 진보적인 자유를 확보해 온 현대의 민주주의는 타인에게 폐를 끼치지 않는 한 자유롭게 행동하는 공시적인 자기결정적 환원주의에 입각해 있습니다. 그러나 이러한 자유민주주의는 실제로는 물질의 실체를 인정하는 고전적인 기계론적 발상에서 유

---

39) 숫타니파타(Stn. 26)

래한 것입니다. 남에게 폐를 끼치지 않는 한, 어느 누구도 폐수를 무단 방류해도 드넓은 강과 바다가 오염되리라고는 생각하지 않았습니다. 폐수는 폐수로서의 실체가 있고, 강과 바다는 각각 고유한 본성을 갖는 실체가 있기 때문에 바다가 오염되리라고 생각하지 못했던 것입니다. 역사적으로 자유민주주의는 산업자본주의와 결탁해서 환경의 무자비한 파괴를 기계론적으로 정당화했습니다. 우리는 지금 35억년간에 걸쳐서 축적된 태양에너지를 불과 150년만에 다 써버리게 되었다. 공시적인 경제적 진보는 방탕한 아들로서의 현세대의 사치, 낭비와 다를 것이 없게 되었습니다. 우리는 미래세대의 생존가능성을 파괴하고 있는 것입니다. 그래서 환경지향주의자들은 현재세대가 미래세대의 생존가능성에 대하여 책임을 져야한다는 통시적인 민주주의로서의 세대간의 윤리를 주장합니다. 그러나 이러한 미래세대에 대하여 윤리적으로 우리가 책임을 져야한다는 주장이 인간중심주의적인 것이 되어서는 안됩니다. 극단적인 사고실험을 통해 "공룡처럼 인간이 멸종할 경우에 최후의 인간세대가 지구환경을 파괴하거나 훼손하는 것은 정당한가"라고 반문해 볼 때 미래의 인간세대가 존재하지 않는다고 해서 자연파괴가 정당화될 수 없기 때문입니다. 이러한 문제가 발생하는 것은 아직도 생태지향주의자들이 인간과 동물과 환경을 기계적인 실체로서 구분하여 보는 타성에 젖어 있기 때문입니다. 불교적으로 볼 때 세대간의 윤리문제는 본질적으로 공시적 자아(존재의다발; 五蘊)의 유전적 상속의 문제가 아니라, 통시적인 자아의 윤회의 문제입니다. 불교에서 윤회설은 철학적 인간학의 전혀 새로운 토대 위에 놓여 있습니다. 부모는 인간을 그 물질적 측면에서 잉태합니다. 한 존재가 다른 존재에 선행하면서 잉태의 순간에 한 인간의 업력이 그의 최초의 의식을 형성합니다. 이 불가시적인 전생에 형성된 업력의 힘이 영적인 현상을 가져오면서, 미래존재를 구성하는 생태적 현상으로서의 미래세대의 삶을 규정합니다. 미래세대는 다름아니라 지구상에 다시 태어나게 될 우리자신의 미래세대를 말하는 것입니다. 이렇게 볼 때 환경윤리에서 자원고갈과 환경오염에 의한 미래세대의 생존권은 우리 생태세대의 생존권 문제와 직결되는 것입니다. 생태적 자아는 공시적으로 현재의 지구전체로 확산되어야 할뿐만 아니라 통시적으로 미래에 도래할 윤회하는 우리자아의 우주적인 생태계로까지 확산되어야 합니다.

451. 문 인간중심적이고 이원론적이고, 기계론적인 지배주의에 의한 자연의 파괴는 본질적으로 남성중심적인 가부장제적인 전통과의 결탁에서 유래한다고 주장하는 에코페미니즘에 대하여 불교는 어떠한 입장을 지니고 있습니까?

답 에코페미니즘이 주장은 타당한 측면이 있습니다. 성경의 "네 이웃이나 아내나.... 그의 여종이나....네 이웃의 소유를 탐내지 말라."는 주장으로 보아 서양의 기독교적 세계관이 남성위주의 사회적 전통을 이어받고 있음을 암시하고 있고 동양에서 유교적 윤리도 역시 "부부유별(夫婦有別), 여필종부(女必從夫), 부창부수(夫倡婦隨), 남존여비(男尊女卑)"의 남성중심적 사회전통을 계승해오고 있습니다. 이러한 가부장제적인 남성중심주의가 근대과학의 출현과 더불어 개발프로젝트에 자연에 대한 지배와 폭력이라는 형태로 내재화되었고 그래서 자연과 여성은 모두 생명의 출산과 보호라는 자신의 가치를 박탈당하고 도구화되고, 상품화되고, 타자화되고 있다고 에코페미니즘은 주장하는 것은 타당한 측면을 지니고 있습니다. 그러나 여성과 자연의 합일을 강조하는 본질주의적 페미니즘은 지구여성이라는 영성주의적이고 여신숭배적인 경향을 갖고 있습니다. 이러한 영성주의적 여성운동은 여성의 권리와 자연물의 생존권에 활력을 불어 넣을 수 있습니다. 그러나 이러한 여성생태주의의 신인동형적 사고방식은 인도의 여신숭배가 파괴의 여신인 깔리여신의 숭배로 귀결되었듯이, 반드시 윤리적으로 바람직한 것은 아닙니다. 여신숭배를 합리화하는 것은 여성의 모성애적 본능 이외에 "여자가 원한을 품으면 오뉴월에도 서리가 내린다."는 삶을 죽음의 세계로 흡수해버리는 성향을 방기한 데서 유래하는 것입니다. 인도에서 깔리여신은 자애로운 모성과 잔인하고 파괴적인 특성이 결합되어 있습니다. 깔리여신은 파괴적인 측면에서는 자신의 아이들마져 삼켜 버립니다. 특히 마하깔리는 위대한 검은 여신으로 피를 흘리며 늘어뜨린 혓바닥, 칼과 방패, 사람의 잘리운 머리로 장식되어 있습니다. 생태파괴의 절멸주의적 충동은 여성에서부터 근원하는 남성적 가부장제주의가 아닌가 반성해볼 필요가 있습니다. 여성과 남성의 이원론적 위계질서가 역전된다고 해서 자연의 생존권이 보장된다는 원칙은 존재하지 않습니다. 따라서 불교는 생물학적인 여성이라 할지라도 경험적 실체속에서 다루어지는 것이 아니라 '길들여진 육체'로서 사회적인 권력관계의 그물망에 의해서 형성되는 연기적인 육체로서 파악하는구조주의적인 에코페미니즘에 동조합니다. 초기불교는 남성에 대한 이원론적인 여성과 자연의 일치에 관해서는 말하지 않고 있다. 그러나 신토불이(身土不二)등의 인간과 자연의 일치에 관해서는 상세히 언급하고 있다. 뿐만 아니라 남성과 여성은 별개의 존재가 아니라 생명체들과 더불어 업력에 의해 윤회하는 상호가능적 자아로서 이원적인 관계가 아니다. 그럼에도 불구하고 초기불교는 기본적으로 여자만이 갖는 괴로움을 "① 시집가서 친부모와 본가를 떠나기, ② 월경, ③ 분만, ④ 남자에의 봉사"로 인식하고 있었던 것으로 보아 여성의 생물학적인 조건과 사회적인 조건에 관해 명확히 경험적으로 알고 있었음을 보여 준다.[40] ②와 ③은

---

40) 쌍윳따니까야(SN. 4. 239)

자연적인 본질로서의 여성의 고통에 관해, ①과 ④는 사회적인 행위자로서의 체화된 여성의 고통에 관한 설명입니다. 에코페미니즘에서는 여성의 자연적 본질은 지구적 자연과 일치되며, 지구영성과 여신숭배의 토대를 마련해주는데 비해 초기불교는 여성의 생물학적인 본질 자체를 괴로움으로 보고 있으며, 거기에서 형이상학적인 신인동형론을 도출하지는 않습니다. 초기불교에서의 여성에 대한 문제제기는 훗날 대승불교에서 그 사상적인 해결책을 찾게된다. 대승불교에 따르면, 여성의 자연적 본질에서오는 고통은 대승본생심지관경(大乘本生心地觀經)[41])에 의하면 잉태하고 힘들게 낳고 키우는 것은 여성의 도덕적 탁월성 즉 공덕으로 전환됩니다. 이러한 공덕의 힘이야말로 본질주의적인 에코페미니즘의 원동력이 되지 않으면 않됩니다. 그리고 대승밀교에와서 사회적 행위자로 체화된 여성의 고통은 모든 생(生)의 태장(胎藏)으로서 모든 생명력의 담지자일뿐만 아니라 모든 문화의 원동력으로 심오한 철학적 의미를 지니게 됩니다. 이때 여성에 대한 이해는 단순히 남성에 대한 이원론적 위계질서의 역전이 아니라 연기적 그물망에 대한 통찰을 여성화한 반야모(般若母; 지혜의 어머니)의 사상에 입각한 상징적 체계로 나타난다는 측면에서 적어도 그 이념은 구조주의적 페미니즘의 체계와 유사성을 지닙니다.

---

41) 신수대장경(大正3 297b)

452. 문 불교는 지구를 유한한 닫힌 계라고 보는 지구주의의 문제에 관해서 어떻게 보고 있습니까?

답 근대의 고전과학과 개인주의, 자유주의에 기초한 사상은 모두 공간의 상대적 유한성을 적용시키지 않고, 무한공간의 우주를 상정해 왔습니다. 기계론적 사유는 "운동하는 물체는 다른 것으로부터 힘이 가해지지 않는 한 그 운동을 지속한다."는 원리에 입각해 있어, 무한히 열린 우주를 상정해 왔던 것입니다. 이와 똑같이 자유주의는 "남에게 폐를 끼치지 않는 한 자유롭게 행동한다."는 원리에 입각해 있어 무한한 욕망의 공간을 가정해왔습니다. 그리하여 기계론적인 자연관과 거기에 부합되는 자유, 평등주의는 욕망의 공간을 무한대로 확장하는 거대한 제국주의적이고 지배주의적이고 마침내 절멸주의적인 문화를 우리에게 유산으로 남겨 주었습니다. 우주의 무한성과 가용자원의 무한한 활용에 토대를 둔 기계론적인 산업주의 문화는 환경파괴라는 우주의 상대적 유한성 앞에 심각한 위기에 처하게 되었습니다. 그래서 환경주의는 지구를 무한한 열린 계가 아니라 유한한 닫힌 계로 보게 되었습니다. 닫힌 계에서는 이용가능한 에너지와 물질의 총량은 유한할 수밖에 없습니다. 자원고갈과 환경파괴나 오염은 무한한 우주 속으로 희석되지 않고 유한한 지구전체를 파괴시키고 오염시키는 결과를 초래합니다. 그래서 생태학적으로 지구를 우주선지구호 즉 상대적으로 유한하게 완결된 사물이라는 것입니다. 지구는 확실히 유한한 공간을 갖고 있으므로 무한한 욕망의 공간을 상정하는 무한한 경제성장은 우주선지구호의 생태학적으로 천연자원의 소모와 쓰레기의 증가를 의미하는 우주선지구호의 방탕한 사치입니다. 생태주의자들은 우주선지구호를 구하기 위해서 경제성장의 사악함과 국가의 무능력을 비판하여 에코파시즘을 주장하기도 합니다. 그들에게 절멸을 향해 치닫는 우주선지구호를 구해야 한다는 것은 절대절명의 과제이고 전쟁은 인구조절을 위한 필연적인 생태적인 원리이다라고까지 합리화될 수 있습니다. 이런 의미에서 개인주의와 자유주의는 소멸되고 전체주의의 부활가능성이 온존하고 있습니다. 그러나 이러한 태도는 지구를 절대적으로 닫힌 세계로 보는 극단적 입장에 서있기 때문에 생겨납니다. 지구를 상대적인 닫힌 세계로 보는 생태주의는 비교적 온건한 편이다. 지구는 완전히 닫힌 계가 아니라, 생태학적으로 태양에너지의 유입과 방출을 통해 어느 정도 열려 있는, 그러나 그것을 제외한다면, 현저하게 상대적으로 닫혀있는 계에 속합니다. 그들은 무한우주의 이념에 기초하는 자본주의적 자유와 사회주의적 평등대신에, 유한한 지구에서의 다양성의 조화를 내세웁니다. 이것이야말로 무한한 욕망을 다양성 속에서 잠재우는 유일한 길인 셈입니다. 붓다는 세계가 유한한가 무한한가, 열려있는가 닫혀 있는가에 대하여 대답하길 거부했습니다. 그것은 연기법적인 진리를 성립시킬 수 없는 극단적인 세속철학적인 이론이었기 때문입니다. 고전적인 기계론적인 철학에서는 시간과 공간은 분리되어 있었습니다. 그러나 상대성의 이론 이후에는 시공(時空)은 시공연속체로서 상대적으로 파악될 뿐이며, 절대적인 무한공간이나 유한공간의 개념은 성립될 수 없습니다. 불교적 입장에서 보면 우주선지구호는 시공(器世間)적으로는 상대적으로 닫혀 있지만 생태(有情世間)적으로는 열려있습니다. 불교적 우주론은 현대천문학이 발견한 시공적 광대함과 일치합니다. 이 지구적 세계가 전개될 때, 생명체들은 우주의 어디인가 광음천(光音天)에서 도래했으며, 그들은 지구상에서 윤회전생하다가 지구가 괴멸되면, 다른 세계로 윤회전생한다고 기술하고 있습니다. 지구의 파멸은 불경에 의하면, 겁탁(劫濁)이라고 불리우는 도덕적으로 타락한 욕망의 시대에 이루어진다고 보고 있습니다. 이 세계가 시공적으로 무한하다고 가정하고 자유주의와 평등주의를 부르짖으며 철없이 진보와 발전만을 추구하는 것은 시공적으로 한계 지워진 지구생태계의 관점에서 보면 비속하고 사악한 것이며, 우주선지구호를 절대적으로 닫혀진 공간이라고 주장하며 에코파시즘적인 전체주의를 획책하는 시도는 더욱 사악한 것이 될 수 있습니다. 그러므로 우주선지구호에서 생명의 다양성을 상보적인 존재로 규정하여 보존하고, 생태문화적 다양성을 일깨워

주고 환경과 자연을 보존해 가는 것만이 중도적인 생태운동의 올바른 지표가 될 수 있습니다. 붓다가 인식한 생명체의 종류는 나무와 풀, 곤충, 네발 달린 동물, 파충류, 물고기, 새와 인간이었다. 이들은 땅, 물, 불, 바람의 생태계 속에서 다양한 유형으로 공존하고 있습니다. 이들 생태계는 모두 인간중심적인 욕망의 대상이 되어서는 안되고 자비의 대상이 되지 않으면 안됩니다. 자비는 욕망의 감소에 수반되는 자유로서 자연을 무대 위에 올려놓고 마음대로 요리하는 기계론적이고 인간중심주의적인 발상과는 다릅니다.

# 부 록

■ 색　인 \ 161
■ 존재의 세계 (육도윤회의 세계) \ 168
■ 빠알리어 발음법 \ 169
■ 빠알리성전협회 안내 \ 171

# 색 인

## (ㄱ)

가부장제 150
가섭 30
가장높은자리에오르신님 37
각자 14
간질 95
갈애 50, 79, 80, 85, 86
감각적인수호계행 93
감수 85, 86, 129
감수에대한관찰 47
감역 86
감자왕 14
강생 87
개인주의 155
거래중도 64, 65
거룩하신님 37
걷기 33
겁 13
겁탁(劫濁) 156
결발행자 30
결혼 139, 147
경장 54, 60
계(戒) 133
계시 111
계율 93, 133, 135
계행 57, 93, 133
고구려 107, 109
고락중도 64, 66
고성제 42
고전과학 154
고처(苦處) 124
고타마 14, 39
고타미 32
고행 24, 28, 64
고행주의 66
고행주의자 27
곤당냐 23, 28
공간 112

공덕 59, 142
공무 95
공산주의 130
공양 25, 142, 143, 144
과학 111, 113, 119
관념주의 130
관념철학 130
관찰 69
광음천(光音天) 156
괴(愧) 146
괴로움에서벗어나는길 17
괴로움의원인 17, 21
교단을 105
구업 145
구원 27, 49
구조주의적페미니즘 153
굿 68
규환지옥 75
그리이스 103, 106
그물망 152
극묘 49
극열지옥 76
근대과학 147, 151
근행보살 40
기계론 147, 148, 149, 150, 154, 157
기도 69
기독교 116, 130, 137, 151
기본적인수호계행 93
기세간(器世間) 156
기원정사 34
기초선원 95
까란다까니바빠 34
깐타까 21
깔라마경 72, 111
깔리여신 151
깔리유가 12
깨달은분 14
깨달은이 31
꽃 59, 143
꾸따단따 50
끼싸고따미 126

## (ㄴ)

나병 95
난생 88
남성 76
남성중심주의 151
남편의도리 140
내부적인신통 121
내생 90
네가지거룩한진리 41, 44, 63
네가지마음새김의토대 46
네가지의거룩한진리 26
네가지의정진 46
네란자라 25
네종류의계행 93
네팔 107
노사(老死) 88
녹수낭 96
녹야원 28
논장 54, 60
누진지(漏盡智) 124
누진통 121, 124
느낌 80
늙고죽음 85, 88
니그로다 25, 34
니그로다싸마네라 103

## (ㄷ)

다르마 33
다르마쇼카 102
다섯가지의장애 83
단견 64, 131
단근 46
단상중도 64
단식 24
담마다나 142
담마라자 37
담미까경 73, 145
대각사 22

대규환지옥 75
대념처경 43
대반열반경 67, 91, 114, 115
대승본생심지관경(大乘本生心地觀經) 153
대자비심 142
데바남삐야띳싸 105
데바닷타 32, 33
도그마성 138
도덕철학 113
도성제 42
동료의도리 141
동원 34
등불 97, 144
등활지옥 75
디가니까야 47
따타가따 37

(ㄹ)

라자그리하 22, 31, 36
라훌라 18, 31, 32
로까나타 37
로하나 15
로히니 15
룸비니 15
리스데이비드 109

(ㅁ)

마가다 22, 30
마땅가 77, 78
마술사 127
마야 15
마약 145
마음에대한관찰 47
마음의해탈 124
마케돈 106
마하나마 23
마하방싸 36, 104

마하보디사 22, 25
마힌다 104
만물유전설 132
말라국 35
말라족 35
멈춤 69
메르가스 106
멸성제 42
명상 24, 69, 97, 98
명색 85, 129, 130
명행족 37
목건련 30, 125
몸에대한관찰 46
몽고 107
무도그마성 136
무루 49
무명 41, 85, 90
무사(無伺) 48
무상 132
무상사 37
무색계 128, 130
무색계천 128
무심(無尋) 48
무아 92, 130, 138
무아윤회 131
무에사유 44
무위 49
무의식 137
무자비 74
무재 49
무지 74
무진 49
무착 49
무해사유 44
무희론 49
물 143
물신숭배 68
물질 80, 129
물질주의 130
미가다야 28
미래불 63
미래세대의생존가능성 148

미래세대의생존권 150
미륵 63
미신 69
미얀마 107, 109
민주주의 148
밀교 132

(ㅂ)

바라위 116
바라제목차 97
바론폰라이헨바하 116
바루 96
바셋타경 119
바쌀라경 78
바이샬리 70
반야모(般若母) 153
발루까 70
발크 107
밥빼 23
밧디야 23
밧타가마니 61
방지의노력 46
배화교 30
백색광 114
버림의노력 46
번뇌 74, 98
범망경 68
범신주의 68
범죄 93, 95
범천 121
법구경 45, 51, 53, 72, 73, 117
법수관 47
법시(法施) 142
법에대한관찰 47
법왕 37
베나레스 15, 28, 34
베이컨 147
벵골보리수 25
별해탈(別解脫) 97

## 색 인

보름날 101
보리수 25, 39, 63, 97, 105
보살 12, 39
보시 142, 143
복덕 142
부끄러워함 146
부다가야 103
부모 14, 131, 140, 142
부모의의무 139
부사의력 118
부자 74
부적 68
부하라 107
분위연기 89, 90
불 38
불가촉민 77
불광 114
불교기 115
불구 95
불노 49
불망어 44, 57
불법 11, 106
불사 49
불사(不死) 78
불사음(不邪婬) 57
불살생 57
불음주(不飮酒) 57
불전결집 70, 109
불투도 57
불환과 56
붓다가야 22
붓다고싸 90
붓다라쓰미 114
브리태니카 109
비(悲) 44
비구니 32, 105
비빳싸나 69
비자야 36
비트겐슈타인 131
빈두싸라 102
빔비사라 22, 30, 33
빛 95

빠딸리뿟따 71
빠띠모까 97
빠알리삼장 60, 61
빠알리성전협회 109, 110
빠알리어 110
쁘라끄리미 77
뼈야다씨 102

(ㅅ)

사념처 46
사대성지 103
사람(不還向)과 56
사람(預流果), 56
사람(一來向)과 56
사람을길들이시는님 37
사랑 18, 19, 135
사르트르 131
사리 36
사리불 30
사리탑 36
사미 95
사미니 95
사미승 93, 95
사선 48
사성제 26, 41, 44, 63, 85
사용자의도리 141
사음 58
사정근 46
사제(司祭) 69
사회계급 77
사회주의 130
산업자본주의 149
살생 58
삼귀의 55, 96
삼매 35, 98, 122
삼백사십팔계 93
삼선 48
삼세양중인과 90
삼장 54, 60, 109
상(想) 129

상견 64, 131
상부구조 137
색(色) 129
색계 128
색계천 128
생로병사 133, 142
생멸중도 64, 66
생명 142
생물 90
생자필멸 126
생태적자아 150
생태주의 155
생태주의적환경론 148
생태지향주의 149
생필품에대한계행 93
서장대장경 61
석가모니 37
석가족 15
석가족의사자 37
석가족의성자 37
선 59
선(善) 59, 69
선견율비바사 106
선서 37
선악 79
선인 22
선정 48, 98
선행 144, 145
성냄 122
성왕 107
성직자의도리 141
세간해 37
세계생성 123
세계파괴 123
세대간의윤리 148, 149
세대간의윤리문제 150
세벌옷 96
세상을이해하는님 37
세상의수호자 37
세존 37
소수림왕 107
소식 24

| | | |
|---|---|---|
| 소업분별경 43 | 실존주의 131 | 아비지옥 76 |
| 수(受) 129 | 심(尋) 48 | 아쇼카 15, 36, 37, 102, 104, 105, 106 |
| 수근 46 | 심령과학 119 | |
| 수수관 47 | 심수관 47 | 아쇼카라마 71 |
| 수자타 25 | 심일경성(心一境性) 48 | 아스왓타 25 |
| 수줍어함 145 | 십계 96 | 아자타샤트루 33, 36 |
| 수행녀 32 | 십이연기 85, 89, 90 | 아프가니스탄 107 |
| 수행승 35, 92 | 싯다르타 14, 15, 18, 24, 26, 31, 32, 35, 39, 127 | 악 73, 75, 133 |
| 수행의노력 46 | | 악업 33 |
| 수호근 46 | 싸끼야씽하 37 | 악행 144, 145 |
| 수호의노력 46 | 싸라쌍수 35 | 안온 50 |
| 수호의법 145 | 싸마타 69 | 안티고누스 106 |
| 숙명통 121, 123 | 싼자야 30 | 안티오쿠스 106 |
| 순결 139 | 쌋방뉴 37 | 않고(不惡口) 44 |
| 술 145 | 쌋타 37 | 않고(不兩舌) 44 |
| 숫타니파타 45, 134, 148, | 쌍가밋타 104, 105 | 않고(不偸盜) 45 |
| 스리랑카 104, 105, 107, 109, 115 | 쌍고경 44 | 않는(不綺語) 44 |
| | 쌍쓰끄리뜨어 110 | 않는(不邪淫) 45 |
| 스승 37 | 쌍윳따니까야 48, 71, 84, 121, 122, 123, 152 | 알렉산더 106 |
| 스승의도리 140 | | 알코올 145 |
| 스토아학파 130 | 쑤담마 135 | 암시 118 |
| 습생 88 | 쑤메다 18 | 앗싸지 23 |
| 승가 11, 55, 56 | 쑤바드라 35 | 앙굿따라니까야 72, 111, 136, 139 |
| 승단 95 | 쑤쁘라봇다 16 | |
| 승리자 37 | 씨갈로바다경 112, 141 | 애진 49 |
| 승복 96 | | 야사 28 |
| 승자 37 | **(ㅇ)** | 야쇼다라 16, 31, 32 |
| 시간의성취 52 | | 야스퍼스 131 |
| 시리아 106 | 아나타삔디까 34 | 양심 72 |
| 식(識) 129 | 아난다 32, 36, 77, 115, 125 | 어리석음 122 |
| 신 13, 60, 137 | 아내의도리 140 | 업 27, 43, 51, 62 |
| 신도의도리 141 | 아노마 22 | 업력 79, 120, 131, 150 |
| 신들과인간의스승 37 | 아누라다뿌라 105 | 업보 110, 114 |
| 신수관 46 | 아누룻다 32 | 업설 119 |
| 신수대장경 153 | 아눌라 105 | 에집트 106 |
| 신업 144 | 아라칸 107 | 에코파시즘 156 |
| 신인동형 151, 153 | 아라한 28, 36, 37, 56, 73, 75, 77, 83, 116, 117, 119 | 에코페미니즘 150, 151, 153 |
| 신족통 121 | | 에피도스 106 |
| 신토불이(身土不二) 152 | 아리스토텔레스 129 | 여덟가지의성스러운길 29, 43, 64 |
| 신통 120 | 아리야 15 | |
| 신통제일 30 | 아미싸다나 142 | 여섯가지의색깔 114 |
| 신행보살 40 | | 여섯감역 85 |

# 색 인

여성 76
여성의고통 153
여신숭배 153
연기 91
연기고리 88
연기법 64, 65, 66, 84, 85
연등불 18, 115
연민 44
연박연기 89
열가지의결박 82
열린우주 154
열반 19, 35, 49, 50, 56, 66, 69, 74, 82, 93, 112, 113, 130, 142
열반일 13
염열지옥 76
영생 79
영성주의 151
영원주의 64, 66, 131
영혼 78, 79
예류향 56
예불 97
오계 57
오로라 116
오온 79, 129, 130
오온(五蘊) 150
오욕락 44
오장(五障) 83
올바로원만히깨달으신님 37
올바른견해 43
올바른길로잘가신님 37
올바른사유 44
올바른새김 46
올바른생활 45
올바른언어 44
올바른정진 45
올바른집중 48
올바른행위 45
왕사성 22
외부적인신통 120
요르단 107
욕계 56, 127

욕계천 127
우기 33
우루베라 23
우루벨라 22, 29
우바새 12
우바이 12
우빠바르따나 35
우상숭배 66, 67, 68
우주기 13, 18, 52, 123, 125
우팔리 32
원속연기 89, 90
웨싹 13
위선 72
위신력 144
유교 151
유기체 112
유대기독교적사유 147
유무중도 64
유물론 65
유물주의 130
유심론 65
유언 35
유정세간(有情世間) 156
육색광명 114
윤리 12, 113, 133, 134
윤회 13, 39, 40, 49, 50, 60, 61, 63, 76, 79, 80, 81, 90, 110, 131
율의근 46
율장 54, 60
음주 58
의례 69
의례주의 68
의로움 62
의식 80, 85, 98, 129
의업 145
이교도 68, 127
이데아 130
이데올로기 130, 132
이렇게오신님 37
이백오십계 93
이선 48

이성 72
이슬람교 100, 108
이시빠따나 28, 34, 103
이원론 150, 152
이탐 49
인간의의무 75
인간중심주의 147, 157
인과응보 119
인도 108
일래과 56
일본 107
일이중도 64

(ㅈ)

자(慈) 44
자기결정적환원주의 148
자바 107
자본주의 130
자비 18, 73, 96
자설경 136
자식의의무 140
자아 79
자애 44
자연의생존권 147
자연파괴 149
자원고갈 154
자유민주주의 148, 149
자유주의 155
자율 133, 134
자타중도 64, 65
자타카 39
장애 21
재가생활 139
재가신도 94
재시(財施) 142
저등각자 37
적색광 114
적응의성취 52
적정 49
전륜성왕 31

전법사  101, 103, 105
전생  81, 87, 90, 123, 131
전생담  39, 115
전지자  14, 37, 56
전체주의  155
절멸주의  154
점성술사  20
점술  68
접촉  85, 86
정견  43
정념  46
정명  45
정반왕  14, 16, 20, 31, 32
정언  44
정업  45
정의  62
정의(正義)  110
정정  48
정정진  45
제국주의  154
조건주의  132
조건  49
조어등주  106
조어장부  37
존재  85, 87, 129, 130, 131
존재요소  129
존재의다발  79, 80, 81, 129, 150
존재의성취  52
종기  95
좌구  96
죄  97
죄악  93
주술  68
주황색광  114
죽림정사  34
중국  107
중도  64, 66, 136
중생  18, 43
중앙아시아  107
중용  64
중합지옥  76

지각  80, 129
지구여성  151
지구영성  153
지구주의  154
지배주의  154
지복  50
지속적인신통  121
지옥  76
지옥(地獄)  124
지행보살  40
지혜  25, 26, 27, 91
지혜와덕행을갖추신님  37
지혜의해탈  124
직관  68, 98
직업  75
진리  49
진리의제왕  37
집성제  42
짱끼경  71
쭐라베달라경  76
쭐라빤따까  117
쭐라빤타까  117, 118

(ㅊ)

찬나  19
찬드라굽타  102
찰나멸  132
찰나연기  89
참(斬)  145
참모임  11
참사람  56
참회  69
창세기  147
창조주  69, 112
처사  12
천민  77, 78
천안(天眼)  99
천안통  121, 123
천이통  121, 122
천인사  37

철학적인간학  131, 150
청빈  96
청색광  114
청소  97, 144
청신녀  12
청신사  12
청정  50
청정광  114
청정행에대한계행  93
초선  48
초전법륜  28, 63
최면  118, 119
최면술  117
쵸친  107
출가  19
출가일  13
출리사유  44
출생  87
취착  85, 87
친구의도리  140
칠엽굴  70

(ㅋ)

카르마  51, 52, 53, 62, 65, 80
카슈미르  107
카필라바스투  14, 22, 103
칸트  130
캄보자  107
콜로넬올코트  109
쾌락주의  66
쿠시나가라  34, 103
키게르케고르  131
키레네  106

(ㅌ)

타심통  121, 122
타율  133

색　　인

타종교　136
타처(墮處)　124
탄생　88
탄신일　13
탐욕　122
탑묘　97
태국　107
태생　88
태양에너지　149
태어남　85, 87
태자비　17
태장(胎藏)　153
테라이　15
토론　68
티베트　107

(ㅍ)

팔계　93
팔만대장경　61
팔정도　29, 43, 64, 66, 98, 134
팔세계　58, 93
페구　107
평정　48
폐결핵　95
포모사　107
포살일　93
프톨레미　106
피고용인의도리　141
피안　49

(ㅎ)

하늘나라　50, 69, 144
하늘눈　99
하늘사람　21, 127, 144
하이데거　131
학생의도리　140
한역대장경　61

합리성　110
해탈　27, 29, 47, 49, 50, 56, 98, 134, 136, 144
행(行)　129
향　59, 144
향락　18
허례허식　68
허무주의　64, 66, 75, 131
헤라크레이토스　132
현대과학　119
현상세계　81
현생　90
현존재　129, 130, 131
형성　80, 85, 90, 129
형이상학　113, 137
화려한궁전　17
화생　88
환경오염　150
환경윤리　150
환경의성취　52
환경파괴　154
황금률　135
황색광　114
회향　142
흑승지옥　75
희랍철학　130
힌두교　23, 116

## 불교의 세계관

　불교의 세계관은 일반적으로 알려진 것처럼 단순히 신화적인 비합리성에 근거하는 것이 아니라 인간의 정신세계인 명상 수행의 차제에 대응하는 방식으로 합리적으로 조직되었다. 물론 고대 인도의 세계관을 반영하고 있는 것은 사실이지만 언어의 한계를 넘어선다면 보편적인 우주의 정신세계를 다루고 있다고 볼 수 있다.
　여기서 세계의 존재(有 : bhavo)라고 하는 것은, 엄밀히 말하면 육도윤회하는 무상한 존재를 의미하며, 감각적 쾌락에 대한 욕망의 세계(欲界), 미세한 물질의 세계(色界), 비물질의 세계(無色界)라는 세 가지 세계의 존재가 언급되고 있다. 감각적 쾌락에 대한 욕망의 세계, 즉 감각적 욕망계의 존재(欲有 : kāmabhava)는 지옥, 축생, 아귀, 수라, 인간뿐만 아니라 욕계의 하늘에 사는 거친 신체를 지닌 존재를 의미한다.
　미세한 물질의 세계, 즉 색계에 사는 존재(色有 : rūpabhava)는 하느님 세계의 하느님의 권속인 신들의 하느님 세계(梵衆天)에서 궁극적인 미세한 물질로 이루어진 신들의 하느님 세계(色究竟天=有頂天)에 이르기까지 첫 번째 선정에서 네 번째 선정에 이르기까지 명상의 깊이를 조건으로 화생되는 세계를 말한다. 따라서 이 세계들은 첫 번째 선정의 하느님 세계(初禪天)에서부터 청정한 삶을 사는 신들의 하느님 세계(Suddhāvāsakāyikā devā : 淨居天은 無煩天, 無熱天, 善現天, 善見天, 色究竟天)까지의 이름으로도 불린다. 첫 번째 선정의 하느님 세계부터는 하느님 세계에 소속된다.
　가장 높은 단계의 세계인 비물질의 세계, 즉 무색계에 사는 존재(無色有 : arūpabhava)에는 '무한공간의 하느님 세계의 신들'(空無邊處天), '무한의식의 하느님 세계의 신들'(識無邊處天), '아무 것도 없는 하느님 세계의 신들'(無所有處天), '지각하는 것도 아니고 지각하지 않는 것도 아닌 하느님 세계의 신들'(非想非非想處天)이 있다. '무한공간의 신들의 하느님 세계'에서 '지각하는 것도 아니고 지각하지 않는 것도 아닌 신들의 하느님 세계'에 이르기까지는 첫 번째 비물질계의 선정에서 네 번째 비물질계의 선정에 이르기까지의 명상의 깊이를 조건으로 화현하는 비물질의 세계이다.
　이들 하늘나라(天上界)나 하느님 세계(梵天界)에 사는 존재들은 화생, 인간은 태생, 축생은 태생・난생・습생・화생의 발생방식을 일반적으로 택하고 있다. 그것들의 형성조건은 윤리적이고 명상적인 경지를 얼마만큼 성취했는지에 달려있다.

하늘나라의 감각적 쾌락에 대한 욕망의 세계에 태어나려면 믿음과 보시와 지계와 같은 윤리적인 덕목을 지켜야 한다. 인간으로 태어나기 위해서는 오계에 대한 인식이 있어야 한다. 그리고 아수라는 분노에 의해서, 축생은 어리석음과 탐욕에 의해서, 아귀는 인색함과 집착에 의해서, 지옥은 잔인함과 살생을 저지르는 것에 의해서 태어난다.

미세한 물질의 세계에 속해 있는 존재들은 첫 번째 선정[初禪]에서부터 네 번째 선정[四禪]에 이르기까지 명상의 깊이에 따라 차별적으로 하느님 세계에 태어난다. 미세한 물질의 세계의 최상층에 태어나는 존재들은 돌아오지 않는 님[不還者]의 경지를 조건으로 한다. 물질이 소멸한 비물질적 세계의 존재들은 '무한공간의 신들의 하느님 세계'에서 '지각하는 것도 아니고 지각하지 않는 것도 아닌 신들의 하느님 세계'에 이르기까지 비물질적 세계의 선정의 깊이에 따라 차별적으로 각각의 세계에 태어난다.

불교에서 여섯 갈래의 길(六道)은 천상계, 인간, 아수라, 아귀. 축생, 지옥을 말하는데, 이 때 하늘나라(天上界)는 감각적 쾌락에 대한 욕망이 있는 하늘나라(欲界天)와 하느님 세계(梵天界)로 나뉘며, 하느님 세계는 다시 미세한 물질의 세계와 비물질의 세계로 나뉜다. 그리고 부처님은 이러한 육도윤회의 세계를 뛰어넘어 불생불멸하는 자이다. 여기 소개된 천상의 세계, 즉. 하늘의 세계에 대하여 이 책에서는 다음과 같이 번역한다.

 1) 감각적 쾌락에 대한 욕망의 세계의 여섯 하늘나라
 ① 네 위대한 왕들의 하늘나라(Cātummahārājikā devā : 四王天) ② 서른셋 신들의 하늘나라(Tāvatiṁsā devā : 三十三天=忉利天) ③ 축복 받는 신들의 하늘나라(Yāmā devā : 耶摩天) ④ 만족을 아는 신들의 하늘나라(Tusitā devā : 兜率天) ⑤ 창조하고 기뻐하는 신들의 하늘나라(Nimmānaratī devā : 化樂天) ⑥ 다른 신들이 만든 것을 누리는 신들의 하늘나라(Paranimmitavasavattino devā : 他化自在天),

 2) 첫 번째 선정의 세계의 세 하느님 세계
 ⑦ 하느님의 권속인 신들의 하느님 세계(Brahmapārisajjā devā : 梵衆天) ⑧ 하느님을 보좌하는 신들의 하느님 세계(Brahmapurohitā devā : 梵輔天) ⑨ 위대한 신들의 하느님 세계(Mahābrahmā devā : 大梵天). 그리고 이들 ⑦ — ⑨ 하느님 세계를 하느님인 신들의 하느님 세계(Brahmakāyikā devā : 梵身天)라고 한다.

3) 두 번째 선정의 세계의 세 하느님 세계
⑩ 작게 빛나는 신들의 하느님 세계(Parittābhā devā : 小光天) ⑪ 한량없이 빛나는 신들의 하느님 세계(Appamāṇābhā devā : 無量光天) ⑫ 빛이 흐르는 신들의 하느님 세계(Ābhāssarā devā : 極光天, 光音天)

4) 세 번째 선정의 세계의 세 하느님 세계
⑬ 작은 영광의 신들의 하느님 세계(Parittasubhā devā : 小淨天) ⑭ 한량없는 영광의 신들의 하느님 세계(Appamāṇasubhā devā : 無量淨天) ⑮ 영광으로 충만한 신들의 하느님 세계(Subhakiṇṇā devā : 遍淨天)

5) 네 번째 선정의 세계의 아홉 하느님 세계
⑯ 번뇌의 구름이 없는 신들의 하느님 세계(Anabbhakā devā : 無雲天「大乘佛敎」) ⑰ 공덕이 생겨나는 신들의 하느님 세계(Puññappasavā devā : 福生天「大乘佛敎」) ⑱ 탁월한 과보로 얻은 신들의 하느님 세계(Vehapphalā devā : 廣果天) ⑲ 지각을 초월한 신들의 하느님 세계(Asaññasattā devā : 無想有情天) = 승리하는 신들의 하느님 세계(Abhibhū devā : 勝者天) ⑳ 성공으로 타락하지 않는 신들의 하느님 세계(Avihā devā : 無煩天) ㉑ 타는 듯한 고뇌를 여읜 신들의 하느님 세계(Atappā devā : 無熱天) ㉒ 선정이 잘 이루어지는 신들의 하느님 세계(Sudassā devā : 善現天) ㉓ 관찰이 잘 이루어지는 신들의 하느님 세계(Sudassī devā : 善見天) ㉔ 궁극적인 미세한 물질로 이루어진 신들의 하느님 세계(Akaniṭṭhā devā : 色究竟天=有丁天) 그리고 이 가운데 ⑳-㉔의 다섯 하느님 세계는 청정한 삶을 사는 신들의 하느님 세계(Suddhāvāsa devā : 淨居天)이라고도 한다.

6) 비물질적 세계에서의 네 하느님 세계
㉕ 무한공간의 신들의 하느님 세계(Ākāsānañcāyatanūpagā devā : 空無邊處天) ㉖ 무한의식의 신들의 하느님 세계(Viññāṇañcāyatanūpagā devā : 識無邊處天) ㉗ 아무 것도 없는 신들의 하느님 세계(Ākiñcaññāyatanūpagā devā : 無所有處天) ㉘ 지각하는 것도 아니고 지각하지 않는 것도 아닌 신들의 하느님 세계(Nevasaññānāsaññāyatanūpagā devā : 非想非非想處天)

## 불교의 세계관

| 형성조건 | 발생방식 | 명 칭(漢譯 : 수명) | | 분 류 | | | |
|---|---|---|---|---|---|---|---|
| 無形象 | 化生 | nevasaññanāsaññāyatana(非想非非想處天 : 84,000劫)<br>akiñcaññāyatana (無所有處天 : 60,000劫)<br>viññāṇañcāyatana (識無邊處天 : 40,000劫)<br>ākāsānañcāyatana(空無邊處天 : 20,000劫) | | 無色界 | | | 善業報界 |
| 형 상 또는 물질의 소멸 | | | | | | | |
| 不還者의 淸淨 (四禪) | 化生 | akaniṭṭha(色究竟天=有頂天 : 16000劫)<br>sudassin(善見天 : 8,000劫)<br>sudassa(善現天 : 4,000劫)<br>atappa(無熱天 : 2,000劫)<br>aviha(無煩天 : 1,000劫) | suddhāvāsa (淨居天) | 梵 天 界 | 色 界 | 天 上 界 | |
| 四禪 | 化生 | asaññasatta(無想有情天)=abhibhū(勝者天 : 500劫)<br>vehapphala(廣果天 : 500劫)<br>puññappasava(福生天 : 大乘佛敎에서)<br>anabhaka(無雲天 : 大乘佛敎에서) | | | | | |
| 三禪 | 化生 | subhakiṇṇa(遍淨天 : 64劫)<br>appamāṇasubha(無量淨天 : 32劫)<br>parittasubha(小淨天 : 16劫) | | | | | |
| 二禪 | 化生 | ābhassara(極光天 : 8劫)<br>appamāṇābha(無量光天 : 4劫)<br>parittābha(小光天 : 2劫) | | | | | |
| 初禪 | 化生 | mahābrahmā(大梵天 : 1劫)<br>brahmapurohita(梵輔天 : 1/2劫)<br>brahmapārisajja(梵衆天 : 1/3劫) | | | | | |
| 다섯 가지 장애(五障)의 소멸 | | | | | | | |
| 信 布施 持戒 | 化生 | paranimmitavasavattī<br>(他化自在天 : 16,000天上年=9,216百萬年)<br>nimmāṇarati(化樂天 : 8,000天上年=2,304百萬年)<br>tusita(兜率天 : 4,000天上年=576百萬年)<br>yāma(耶摩天 : 2,000天上年=144百萬年)<br>tāvatiṁsa(三十三天 : 1,000天上年=36百萬年)<br>cātumāharājikā(四天王 : 500天上年=9百萬年) | | 天上의欲界 | 欲 界 | | |
| 五戒 | 胎生 | manussa(人間 : 非決定) | | | 人間 | | |
| 瞋恚 | 化生 | asura(阿修羅 : 非決定) | | | 修羅 | | 惡業報界 |
| 吝嗇 執著 | 化生 | peta(餓鬼 : 非決定) | | | 餓鬼 | | |
| 愚癡 貪欲 | 胎生 卵生 濕生 化生 | tiracchāna(畜生 : 非決定) | | | 畜生 | | |
| 殘忍 殺害 | 化生 | niraya(地獄 : 非決定) | | | 地獄 | | |

※ 天上의 欲界의 하루는 四天王부터 他化自在天까지 각각 인간의 50년, 100년, 200년, 400년, 800년, 1,600년에 해당하고 人間이하의 수명은 결정되어 있지 않다.

## 빠알리어 한글표기법

빠알리어는 구전되어 오다가 각 나라 문자로 정착되었으므로 고유한 문자가 없다. 그러므로 일반적으로 빠알리성전협회(Pali Text Society)의 표기에 따라 영어 알파벳을 보완하여 사용한다. 빠알리어의 알파벳은 41개이며, 33개의 자음과 8개의 모음으로 되어 있다.

| 자음(子音) | 폐쇄음(閉鎖音) | | | | 비음(鼻音) |
|---|---|---|---|---|---|
| | 무성음(無聲音) | | 유성음(有聲音) | | |
| | 무기음 | 대기음 | 무기음 | 대기음 | 무기음 |
| ① 후음(喉音) | ka 까 | kha 카 | ga 가 | gha 가 | ṅa 나 |
| ② 구개음(口蓋音) | ca 짜 | cha 차 | ja 자 | jha 자 | ña 냐 |
| ③ 권설음(捲舌音) | ṭa 따 | ṭha 타 | ḍa 다 | ḍha 다 | ṇa 나 |
| ④ 치음(齒音) | ta 따 | tha 타 | da 다 | dha 다 | na 나 |
| ⑤ 순음(脣音) | pa 빠 | pha 파 | ba 바 | bha 바 | ma 마 |
| ⑥ 반모음(半母音) | ya 야, 이야 | | va 바, 와 | | |
| ⑦ 유활음(流滑音) | ra 라 | | la 르라 | ḷa 르라 | |
| ⑧ 마찰음(摩擦音) | sa 싸 | | | | |
| ⑨ 기식음(氣息音) | ha 하 | | | | |
| ⑩ 억제음(抑制音) | ṁ -ㅇ, -ㅁ, -ㄴ | | | | |

모음에는 단모음과 장모음이 있다. a, ā, i, ī, u, ū, e, o 모음의 발음은 영어와 같다. 단 단음은 영어나 우리말의 발음보다 짧고, 장음은 영어나 우리말보다 약간 길다. 단음에는 a, i, u가 있고, 장음에는 ā, ī, ū, e, o가 있다. 유의할 점은 e와 o는 장모음이지만 종종 복자음 앞에서 짧게 발음된다 : metta, okkamati.

자음의 발음과 한글표기는 위의 도표와 같다.

ka는 '까'에 가깝게 발음되고, kha는 '카'에 가깝게 소리나므로 그대로 표기한다. ga, gha는 하나는 무기음이고 하나는 대기음이지만 우리말에는 구별이 없으므로 모두 '가'로 표기한다. 발음에서 특히 유의해야 할 것은 aṅ은 '앙'으로, añ은 '얀'으로, aṇ은 '안, 언'으로, an은 '안'으로, aṁ은 그 다음에 오는 소리가 ① ② ③ ④

⑤일 경우에는 각각 aṅ, añ, aṇ, an, am으로 소리나며, 모음일 경우에는 '암', 그 밖의 다른 소리일 경우에는 '앙'으로 소리난다. 그리고 y와 v일 경우에는 일반적으로 영어처럼 발음되지만 그 앞에 자음이 올 경우와 모음이 올 경우 각각 발음이 달라진다. 예를 들어 aya는 '아야'로 tya는 '띠야'로 ava는 '아바'로 tva는 '뜨와'로 소리난다. 또한 añña는 어원에 따라 '앙냐' 또는 '안냐'로 소리난다. 예를 들어 sk. saṁjñā에서 유래한 saññā는 쌍냐로 sk. prajñā에서 유래한 paññā는 '빤냐'로 읽는 것이 좋다. yya는 '이야'로 소리난다. 폐모음 ② ③ ④가 묵음화되어 받침이 될 경우에는 ㅅ, ①은 ㄱ ⑤는 ㅂ으로 표기한다.

 글자의 사전적 순서는 위의 모음과 자음의 왼쪽부터 오른쪽으로의 순서와 일치한다. 단지 ṁ은 항상 모음과 결합하여 비모음에 소속되므로 해당 모음의 뒤에 배치된다.

 이 책에서는 빠알리어나 범어를 자주 써왔던 관례에 따라 표기했으며 정확한 발음은 이 음성론을 참고하기 바란다.

## 편저자 · 退玄 全在星

철학박사. 서울대학교를 졸업했고, 한국대학생불교연합회 13년차 회장을 역임했다. 동국대학교 인도철학과 석·박사과 정을 수료하고, 독일 본대학 인도학세미나에서 인도학 및 티 베트학을 연구했으며, 독일 본대학과 쾰른 동아시아 박물관 강사, 동국대 강사, 중앙승가대학 교수, 경전연구소 상임연 구원, 한국불교대학(스리랑카 빠알리불교대학 분교)교수, 충남대 강사, 가산불교문화원 객원교수를 역임했고, 현재 한 국빠알리성전협회 회장을 역임하고 있다.

역서로는 〈인도사회와 신불교〉(일역, 한길사), 저서에는 〈거지성자〉(선재, 안그라픽스), 그리고 저서 및 역서로 〈빠알리-한글사전〉〈티베트어-한글사전〉〈금강경 - 번 개처럼 자르는 지혜의 완성〉〈붓다의 가르침과 팔정도〉 〈범어문법학〉〈쌍윳따니까야 전집〉〈오늘 부처님께 묻는 다면〉〈맛지마니까야 전집〉〈명상수행의 바다〉〈앙굿따 라니까야 전집〉〈생활 속의 명상수행〉〈법구경 - 담마파 다〉〈우다나 - 감흥어린 시구〉〈숫타니파타〉〈천수다라 니와 붓다의 가르침〉〈초기불교의 연기사상〉(이상, 한국빠 알리성전협회)이 있다. 주요논문으로 《初期佛敎의 緣起性 硏 究》《中論歸敬偈無畏疏硏究》《學問梵語의 硏究》《梵巴 藏音聲論》등 다수 있다.

---

| 불교교리문답서 | *Buddhist Catechism* |

값 10,000 원

| 발행일 : | 1998 년 3월  25일 초판발행 |
| | 1999 년 11월 25일 개정판발행 |
| | 2010 년 10월 15일 개정판재판발행 |
| 발 행 : | 도    법 스님 |
| 감 수 : | 일    철 스님 |
| 편 저 : | 전    재    성 |
| 발행처 : | 한국빠알리성전협회 |
| | 서울 서대문구 홍제동 456 성원@102-102 |
| 전 화 : | 02-2631-1381 |
| 팩 스 : | 02-735-8832 |
| 홈페이지 : | www.kptsoc.org |

Korea Pali Text Society
Hongjae-2-dong 456 #Seongwon102-102
Seoul 120-090 Korea
TEL 82-2-2631-1381  FAX 82-2-735-8832

ⓒ Cheon, Jae Seong., 2010, *Printed in Korea*
ISBN 978-89-89966-67-8 04220

·무단 전재나 복재는 법으로 금지되어 있습니다.
·잘못된 책은 바꾸어 드립니다.